松戸の江戸時代を知る ①

小金町と周辺の村々

渡 辺 尚 志 著

たけしま出版

【目　次】

プロローグ

本書では、江戸時代の小金町《こがねまち》（現千葉県松戸市）と周辺の村々について述べていきます。その前に、現代の小金周辺を、史跡マップ（図1）を手に少し歩いてみましょう。

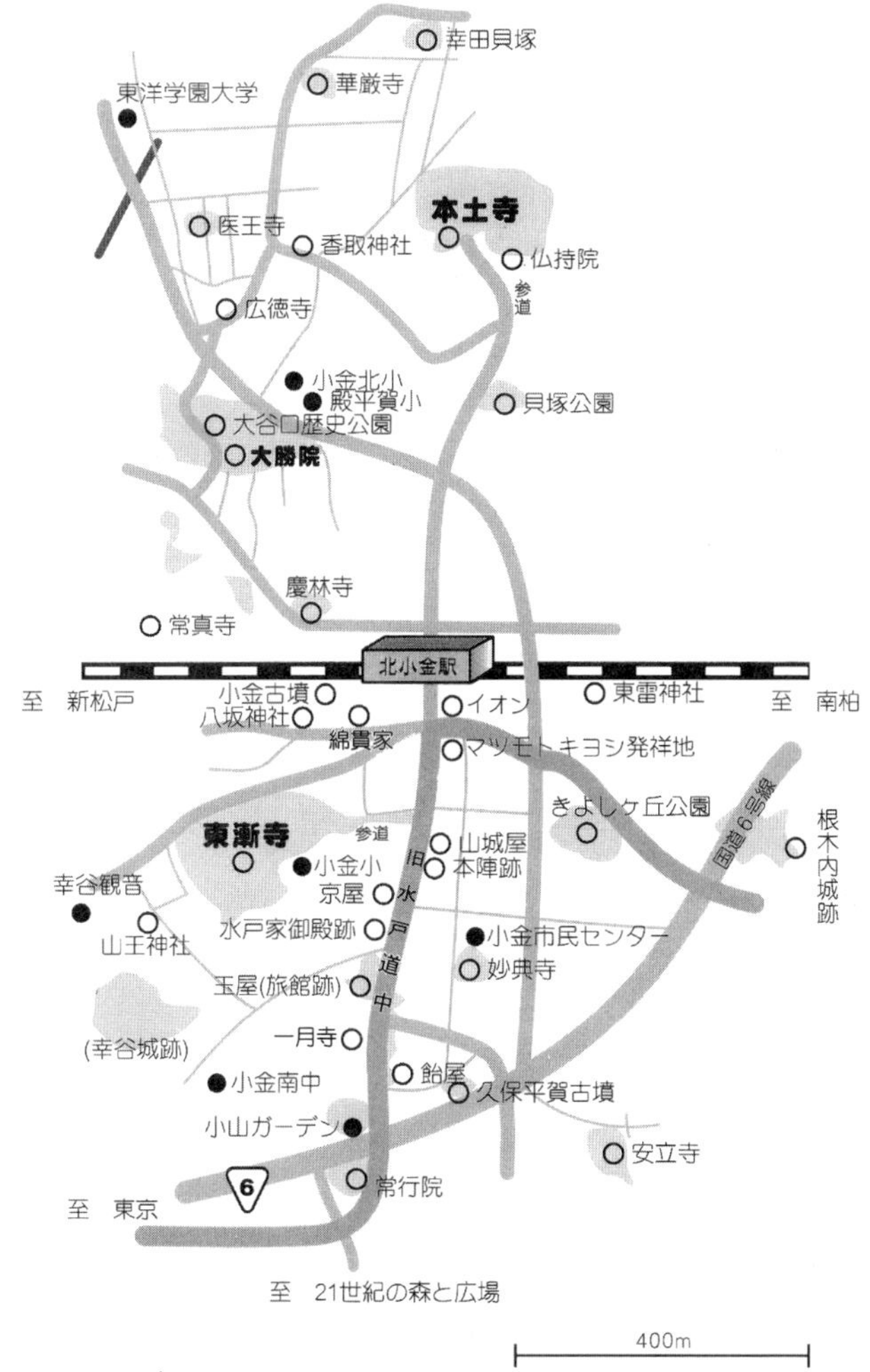

図1　北小金駅周辺史跡マップ
小金の街をよくする会「花と緑と歴史の街　北小金　お散歩MAP」　2004年　を一部改変

本　土　寺

本土寺

　ＪＲ常磐線北小金駅の北口を出て、北へ参道を歩くと、日蓮宗本土寺《ほんどじ》です。今はアジサイ寺として有名で、ハナショウブや秋の紅葉も見事です。同寺には、日蓮直筆の書状など重要な文化財が多数あり、一五〜一六世紀を中心に有名無名の多数の人々が記載された「本土寺過去帳」は当時の人々の生死の具体相を知ることのできる貴重な史料です。

慶　林　寺

慶林寺

北小金駅に戻って、線路沿いに新松戸駅方向に少し歩くと、曹洞宗慶林寺《けいりんじ》があります。ここには、幕府の牧《まき》（馬の放牧場）を管理した野馬《のま》奉行《ぶぎょう》綿貫《わたぬき》夏右衛門《なつえもん》の墓所があります。江戸時代には、小金町の東方に広大な小金牧が広がっており、北小金駅のあたりに綿貫氏の役宅がありました。

小金城の土塁

小金城の土塁

さらに西に向かうと、そこは戦国時代に高城《たかぎ》氏の本拠地だった小金城（大谷口《おおやぐち》城《じょう》）の跡です。城の敷地は広大で、今はその一部が大谷口歴史公園として整備されて、当時の土塁や堀を見ることができます。

玉屋（旅籠屋）

玉屋（旅籠屋）

北小金駅に戻って、今度は駅の南口に出てみましょう。駅前のロータリーから南に延びる道がほぼ江戸時代の水戸道中《みとどうちゅう》です。三〇〇メートルほど行くと、右手に浄土宗東漸寺《とうぜんじ》があります。境内には、見事なシダレザクラがあります。高城氏が篤く庇護した寺で、江戸時代には関東十八檀林《だんりん》（檀林は学問所のこと）の一つとされました。

東漸寺を過ぎて旧水戸道中をさらに行くと、右手に玉屋が見えてきます。玉屋は江戸時代には旅籠屋《はたごや》（宿屋）を営んでおり、今も道に面した千本格子《せんぼんごうし》などに当時の面影を残しています。

一　月　寺

一月寺

玉屋を過ぎて少し行くと、右手に一月《いちげつ》寺《じ》があります。この寺は、江戸時代には仏教の一宗派・普化宗《ふけしゅう》の総本山（触頭《ふれがしら》）でした（現在は別の宗派です）。普化宗の僧を虚無僧《こむそう》といいますが、彼らは深編《ふかあみ》笠《がさ》をかぶり、尺八《しゃくはち》（竹でできた管楽器）を吹いて町や村を回って寄附を求めるという、特徴的な宗教活動をしていました。

道はその先で国道六号線にぶつかりますが、その手前までが江戸時代の小金町です。

現代の町歩きはこのくらいにして、ここからは江戸時代の話に入っていきましょう。

第一章　江戸時代の村と町についての基礎知識

・江戸時代の村・町とは？

これから、江戸時代の小金町と、その周辺村々の百姓たちについて述べていくわけですが、その前に、江戸時代の村・町と百姓について、一般的なことをご説明しておきましょう。

江戸時代の百姓たちは、家族でまとまって日々の暮らしを営んでいました。しかし、家は、それぞれが孤立して存在していたわけではありません。家々が集まって村や町をつくり、住民同士助け合って暮らしていたのです。

村や町は、江戸時代におけるもっとも普遍的かつ基礎的な社会組織でした。それは、住民たちが生活と生産を営む場であると同時に、領主が住民たちを把握するための支配・行政の単位でもありました。

現在の松戸市域には、五〇を超える江戸時代の村や町が含まれています。このように江戸時代の村や町は今日の市町村と比べてずっと小規模でしたから、そのぶんそこに暮らす人びとの結びつきは今日よりもはるかに強いものでした。生業から冠婚葬祭にいたるまで日常生活全般にわたって、住民同士が助け合い、また規制し合っていたのです。こうしたあり方は、小金町についても当てはまります。

・江戸時代は石高制の社会

江戸時代は石高制《こくだかせい》の社会だといわれています。大名・旗本など武士の領地の規模も、百姓の所持地の広狭や村の規模も、いずれも石高によって表示されたからです。

では、石高とは何でしょうか。それは、田畑・屋敷地（宅地）などの生産高（標準的な農作物の生産量）を玄米の量で表したものです。石高とは、一定面積の田から収穫が予想される平均的な玄米量を表しているのです。畑や、まして屋敷地には通常米は作りませんが、作ったと仮定して畑や屋敷地にも石高を設定したのです。このように仮定の話が含まれているので、石高は土地の生産力を正確に表したものではありませんが、土地の課税基準や価値評価基準として重視されました。石高は、豊臣秀吉や江戸時代の幕府・大名が行なった土地の調査である検地《けんち》によって定められました。

石高は、容積の単位である石《こく》・斗《と》・升《しょう》・合《ごう》・勺《しゃく》・才《さい》で表示されました。一石＝一〇斗、一斗＝一〇升、一升＝一〇合、一合＝一〇勺、一勺＝一〇才です。一升瓶《いっしょうびん》が約一・八リットル入りであることは、現代人でも知っています。一石は一〇〇升ですから、約一八〇リットルとなります。米一石の重さは約一五〇キログラム、米俵にして二・五俵ほどとなります（一俵は約六〇キログラム）。江戸時代の一人一年間の米消費量は、一概には言えませんが、おおよそ一石程度でした。

ここで、面積の単位についても説明しておきましょう。江戸時代には、土地の面積を表す単位として町《ちょう》・反《たん》（段）・畝《せ》・歩《ぶ》が用いられました。一町＝一〇反、一反＝一〇畝、一畝＝三〇歩です。一歩＝一坪であり、これは一間《けん》（約一・八二メートル）四方の面積です。およそ畳二畳分です。一畝はほぼ一アール（一〇〇平方メートル）、一反は三〇〇歩で、ほぼ一〇〇〇平方メートル、一町は三〇〇〇歩で、ほぼ一ヘクタール（一〇〇メートル四方＝一万平方メートル）に相当します。すなわち、次のようになります。

一歩＝一坪＝一間（約一・八二メートル）四方
一畝＝三〇歩＝約一アール（一〇メートル四方＝一〇〇平方メートル）
一反＝一〇畝＝三〇〇歩＝約一〇〇〇平方メートル
一町＝一〇反＝三〇〇〇歩＝約一ヘクタール（一〇〇メートル四方＝一万平方メートル）

また、ごくおおまかにいって、一反の田からは一石強の米がとれると考えてください。一町の田からは米一〇石強ということになります。ちなみに、現在では、一反の田から約一〇俵（約四石）の米がとれます。

距離・長さの単位については、次のようになっています。

一里《り》＝三六町《ちょう》＝約三・九三キロメートル
一町＝六〇間＝約一〇九・〇九メートル
一間＝六尺《しゃく》＝約一・八二メートル、一丈《じょう》＝一〇尺
一尺＝一〇寸《すん》＝約三〇・三センチメートル

重さの単位には貫《かん》や斤《きん》が用いられました。一貫＝六・二五斤＝約三・七五キログラム、一斤＝約六〇〇グラムです。

・江戸時代の貨幣制度

江戸時代の一両は、今のいくらに相当するのでしょうか。ここで、江戸時代の貨幣制度について述べておきます。

江戸時代には、金・銀・銭《せん》三種の貨幣が併用されました。これを三貨といいます。

金貨の単位は両・分《ぶ》・朱《しゅ》で、一両＝四分、一分＝四朱という四進法でした。小判一枚が一両となります。銀貨の単位は貫《かん》・匁《もんめ》・分《ふん》・厘《りん》・毛《もう》で、一貫＝一〇〇〇匁、一匁＝一〇分、一分＝一〇厘、一厘＝一〇毛でした。銭貨の単位は貫《かん》・文《もん》であり、一貫＝一〇〇〇文でした。もっともポピュラーな銭貨《せんか》だった寛永通宝《かんえいつうほう》など、銅銭一枚が一文です。

三貨相互の交換比率は時と場所によって変動しましたが、おおよその目安として、江戸時代後期には金一両＝銀六〇匁＝銭五〇〇〇～六〇〇〇文くらいと考えればいいでしょう。金一両でほぼ米一石が買えました。

江戸時代の貨幣価値が現代のいくらに相当するかは難しい問題です。日本人の主食である米の値段を基準に考えると（同量の米が、江戸時代と現代とでそれぞれいくらするかを比べます）、金一両＝六万三〇〇〇円、銀一匁＝一〇五〇円、銭一文＝一一円くらいとなります。一方、賃金水準をもとに考えると（大工《だいく》など同一の職種の賃金が、江戸時代と現代でそれぞれいくらかを比べます）、金一両＝三〇万円、銀一匁＝五〇〇〇円、銭一文＝五五円くらいとなります（磯田道史監修『江戸の家計簿』）。いずれにしても、これらはあくまで一つの目安にすぎません。おおよそ、金一両＝一〇～一五万円と考えておけば大過ないでしょう。

・江戸時代には閏月があった

次に、江戸時代の暦について、簡単に述べておきます。今日でも閏年はありますが、江戸時代には閏月《うるうづき》というものがありました。江戸時代の暦（旧暦）は太陰太陽暦《たいいんたいようれき》でした。月の運行をもとにした太陰暦を基本にしつつ、太陽の運行をもとにした太陽暦を組み合わせた暦です。

月の運行を基準にすると、新月から次の新月までの一サイクルは平均二九・五三〇六日なので、太陰太陽暦ではひと月は二九日か三〇日となります。現代の太陽暦より、ひと月が一日か二日少ないのです。一年は三五四日でした。

しかし、これでは太陽暦と年に一〇日以上のズレが生じてしまうので、太陽暦との調整のために、一九年間に七回の閏月をおいたのです。おおよそ、三年に一回です。閏月とは、ある月が終わったあとに、もう一回同じ月を繰り返すことです。たとえば、二月のあとにもう一回二月がくるのであり、あとのほうの二月を閏二月《うるうにがつ》といいました。閏月のある年は、一年が一三か月あり、一年が三八三日もしくは三八四日となりました。何月が閏月になるかは、一定していませんでした。本書で用いる月日は、すべて旧暦によるものです。

第二章　江戸時代の交通制度と小金町

1　江戸時代の交通制度

・江戸時代の宿場

この章では、江戸時代の交通制度と小金町について述べていきます。

江戸時代には、全国を統一した徳川政権（江戸幕府）のもとで、全国的な道路交通網が整備されました。徳川家康は、慶長《けいちょう》五年（一六〇〇）に関ヶ原の戦いに勝利すると、翌年から東海道など主要街道の整備に着手しました。幕府は万治《まんじ》二年（一六五九）に道中奉行職《どうちゅうぶぎょう》を設置し、元禄《げんろく》一一年（一六九八）以降は大目付《おおめつけ》と勘定奉行一名ずつが道中奉行を兼任するようになりました。道中奉行は、五街道（東海道・中山道《なかせんどう》・日光道中・奥州道中《おうしゅうどうちゅう》・甲州道中）と、それに付属する街道を管轄しました。五街道とその付属街道以外の主要街道は、勘定奉行の管轄になりました。

全国の主要街道は、まずもって武士のための道路でした。軍用兼行政用の道路だったのです。そのため、武士の通行や武士の荷物・書類の運送が優先されましたが、庶民の通行も認められたため、庶民もしだいに街道を使って旅を楽しむようになりました。街道には、一定間隔ごとに宿場(宿駅)が設置されて、人や物の輸送を担当しました。

宿場は、交通・運輸の中継点と、旅行者の宿泊地という機能をもっていました。言い換えると、宿場の役割には、①幕府・大名・公家《くげ》などの公用旅行者のために人や馬を提供し、宿場から宿場へと公用の人や荷物を継ぎ送ること、②旅行者が宿泊・休憩・飲食するための旅館（宿）を用意すること、③幕府の公用文書を継ぎ送ること、などがあったのです。

宿場には一定数の人馬が常備され、その人馬を使って街道を通る人や荷物を運びました。江戸時代の輸送システムはリレー方式でした。一つの宿場は、隣りの宿場からやってくる旅行者や荷物を引き受けると、自身の宿場の人馬を使ってそれらをさらに次の宿場へと継ぎ送ります。旅行者や荷物を次の宿場にバトンタッチすると、それらを運んだ人馬は自身の宿場に戻って、次の継ぎ送り業務に備えるのです。

こうしたリレー方式による人や荷物の輸送機能を、継立《つぎたて》といいます。継立に従事する人馬を伝馬《てんま》（伝馬には馬だけでなく人も含まれます）、宿場の人馬が担う継立業務を伝馬役《てんまやく》といいます。幕府は各宿場に一定数の伝馬を常備させて、将軍や老中の出す命令書によって、主として幕府関係の人や荷物を、無賃（無料）で宿場から宿場へと輸送させました。常備する人馬の数は、東海道の宿場では毎日一〇〇人・一〇〇疋《ひき》（匹）、中山道は五〇人・五〇疋、その他の主要街道は原則として二五人・二五疋と定められました。

・身分によって異なる利用料

大名や旗本は、御定賃銭《おさだめちんせん》という、幕府（道中奉行）が定めた、時の相場より低額の賃銭(利用料)

で、宿場の人馬を利用することができました。幕府関係者のようにタダではありませんでしたが、割安ではあったのです。宿場の伝馬は一般庶民の旅行者も利用できましたが、その際には御定賃銭の二倍程度の額を支払う必要があり、これを相対賃銭《あいたいちんせん》といいました。無賃・御定賃銭・相対賃銭の三ランクがあったのです。

無賃もしくは低額の御定賃銭で人馬を利用することができたのは、武士・公家・高僧など特定の者に限られていました。伝馬制度とは、身分の高い者の公用通行を支えることを主目的とした制度だったのです。宿場には、公用通行に奉仕する代償として、民間物資の輸送を独占する権利が与えられました。また、宿場以外では、旅籠屋《はたごや》（旅館）の開業は認められませんでした。宿場には、負担すべき義務と、その反対給付としての特権があったのです。

人馬の継立を差配する役職として、各宿場には問屋《とんや》が置かれました。各宿場の有力者が、問屋を務めたのです。問屋の執務場所を問屋場《とんやば》といい、問屋場には一定数の人馬が常備されて継立に当たりました。問屋の職務は、輸送人馬の手配、人足《にんそく》（継立に従事する交通運輸労働者）の賃金の計算、公用の書状類の継ぎ送りなどでした。問屋場において、大名や庶民が払った利用料を、継立に従事した人足に労賃として渡したのです。

問屋のもとでこれらの実務に当たったのが、帳付《ちょうづけ》と馬差《うまさし》（人馬差《じんばさし》ともいいます）でした。帳付は名前のとおり、日々の人馬の稼働状況（誰がどこからどこまで何を運んだかといった継立の詳細）を帳面に記し、稼働人馬数やそれらに支払う賃金の額などを集計する役目でした。継立には、先に述べたように、無料の場合と有料の場合があり、有料のなかでも、公定の比較的低額のもの（御定賃銭）と、時の相場で比較的高額のもの（相対賃銭）がありました。馬差は、継立人馬の割当てや差配を行ないました。

宿場で提供する馬に積める荷物の重量は、幕府によって定められていました。標準的な積み荷の重量は、寛永《かんえい》二年（一六二五）以降、一駄《だ》（馬一疋）につき四〇貫《かん》（約一五〇キログラム、一貫は約三・七五キログラム）とされ、これを本馬《ほんま》といいました。重量が二〇貫以内の荷物とともに旅人が乗り、重量の合計が四〇貫以内の場合を乗懸《のりかけ》といい、駄賃《だちん》（人馬の利用料）は本馬と同じでした。荷物の重量が二〇貫以内のものを軽尻《からじり》といい、駄賃は本馬の約三分の二でした。旅人が五貫以内の手荷物とともに乗った場合も、軽尻とされました。人足一人が運ぶ荷物は、五貫までとされました。

駄賃の額は、宿場間の距離によって異なり、また時代によっても異なりました（御定賃銭と相対賃銭でも違います）。宿場間が離れていればそのぶん駄賃は高くなり、諸物価が高騰した場合も駄賃は高くなったのです。

宿場には旅行者の宿泊・休憩・飲食のための施設がありました。大名などの宿泊施設として本陣《ほんじん》・脇本陣《わきほんじん》があり、庶民のためには、食事付きの旅館である旅籠屋《はたごや》（旅籠）と、素泊まりで宿泊者が自炊する木賃宿《きちんやど》がありました。また、茶屋（茶店《ちゃみせ》）という休憩所もありました。参勤交代《さんきんこうたい》など数百人、ときには千人を超える大通行の場合は、本陣・脇本陣だけでは収容しきれないため、家臣や従者は宿場内の一般民家などに分宿しました。

江戸時代後期の宿泊費は、木賃宿なら、自炊用の薪料金（燃料代）を別にして、素泊まりで五、六〇文、一泊二食付きの旅籠屋だと、上等な旅籠屋で一七二～三〇〇文、中ランクで一四八～一六四文、下のランクで一〇〇～一四〇文くらいでした。茶屋での休憩や昼食は、平均して七、八〇文くらいでした（今野信雄『江戸の旅』）。文政《ぶんせい》二年（一八一九）の越後国《えちごのくに》（現新潟県）柏崎《かしわざき》では、上旅籠が二〇〇文、中旅籠が一五〇文、下旅籠が一二〇文、木賃宿が三五～五〇文でした（金森敦子『伊勢詣と江戸の旅』）。

・宿場を助ける助郷

人や荷物の輸送量が多いときには、宿場の人馬だけでは足りないことがあります。そうしたときには、宿場周辺の村々からも宿場に人馬を提供しました。こうした宿場を補助する人馬を、助郷人《すけごうじん》馬《ば》といいます。助郷人馬を出す役目を助郷役《すけごうやく》、そうした役目を務める村を助郷といいました。助郷役も、伝馬役《てんまやく》の一種です。伝馬役には、宿場の伝馬役と助郷の伝馬役があったのです。

助郷には、いくつかの種類がありました。定助郷《じょうすけごう》は、一番基本的な助郷です。定助郷に指定された村々は、恒常的に助郷役を務めました。代助郷《だいすけごう》は、定助郷村々が災害などで困窮して助郷役を務められない場合に、定助郷に代わって助郷役を務めるものです（この場合は、定助郷村々は助郷役の一部もしくは全部を免除されます）。これに対して、定助郷村々の負担軽減のために、定助郷村々とともに助郷役を務める村々を加助郷《かすけごう》といいます（この場合は、定助郷村々はそのまま助郷役を務めます）。ほかに、増助郷《ましすけごう》や当分助郷《とうぶんすけごう》というものもありました。これらは、いずれも大規模通行があったときに、定助郷の補助として、臨時に助郷役を務めるものです。

ただし、加助郷・増助郷・当分助郷は厳密に区分されていたわけではなく、江戸時代にも混同されることがありました。助郷村々の村人たちが、宿場から割り当てられた人馬を実際に自分たちで務めることを「正勤《しょうつとめ》」、ほかの人を雇って代わりに務めてもらうことを「雇替《やといかえ》」といいました。

2　水戸道中と小金町

・水戸道中

本書で取り上げる下総国葛飾郡《しもうさのくにかつしかぐん》小金町は、江戸時代の初めには旗本領でしたが、のちに幕府の直轄領になりました。小金町は、水戸道中の宿場でした。水戸道中は水戸街道ともいいますが、文化《ぶんか》八年（一八一一）に水戸道中が正式名称となりました。水戸道中は、江戸日本橋から水戸まで三〇里一四町（約一一九キロメートル）の街道です(江戸から水戸までの距離については諸説あります)。日本橋から水戸までの間に、千住《せんじゅ》・新宿《にいじゅく》（葛西《かさい》）（以上、武蔵国《むさしのくに》）・松戸・小金・我孫子《あびこ》・取手《とりで》・藤《ふじ》代《しろ》（以上、下総国）・若柴（若芝）・牛久《うしく》・荒川（荒川沖）・中村・土浦・中貫《なかぬき》・稲吉《いなよし》・府中（石岡）・竹原・片倉・小幡《おばた》・長岡(以上、常陸国《ひたちのくに》)の一九宿が置かれました（宿の数については異説もあります）。武蔵国は現在の東京都と埼玉県、下総国は千葉県北部、常陸国は茨城県にほぼ相当します。

ただし、水戸道中は日本橋から千住までは日光道中と同一ルートでした。ですから、水戸道中は、日光道中の付属街道とされたのです。千住宿で、日光道中と水戸《みと》佐倉道《さくらみち》が分かれます。水戸佐倉道は中川を船で渡って新宿に入り、ここでさらに水戸道中と佐倉道に分かれます。つまり、新宿から先が純粋の水戸道中になるのです。新宿から水戸道中を進んで金町村《かなまちむら》に至ると、そこには金町松戸関所がありました。関所を無事通過すると、船で江戸川を渡って松戸宿に入ります。そして、松戸宿の次の宿場が小金宿なのです。

水戸道中の各宿場間の距離は平均して一里一八町でしたが、そのなかでも一番長距離だったのが小金—我孫子間の二里二一町（一〇キロメートル余、距離については二里一八町等諸説あり）でした。ただし、小金—我孫子間には柏という間《あい》の宿《しゅく》があり、逆方向の小金—松戸間（一里二八町＝約六・九キロメートル、一里二〇町等諸説あり）にも馬橋《まばし》という間の宿がありました。間の宿とは、宿場と宿場の間に設けられた宿場に準じる場所で、旅人はそこで一休みすることができました。

水戸道中で道中奉行支配とされたのは千住—松戸間だけで、そこから先は勘定奉行の管轄でした。小金町は幕府領でしたので、交通・運輸関係について勘定奉行の管轄下にあるとともに、年貢などに関しては幕府の代官の支配を受けました。代官は、交通・運輸にも一部関与しました。

松戸宿から小金宿への駄賃は、正徳《しょうとく》元年（一七一一）に本馬・乗懸が一駄六七文、軽尻が四三文で（文化年間も同じ）、人足一人を使った場合は三四文かかりました。天保《てんぽう》九年（一八三八）には、本馬・乗懸が七七文、軽尻が四九文で、人足は三九文でした。また、文化年間（一八〇四〜一八一八）に、小金から我孫子までは本馬一〇六文、軽尻六八文、人足五一文でした。小金・我孫子間の人馬賃銭は、天保三年（一八三二）以降、物価上昇に合わせて三割増しになっています。

天明《てんめい》年間（一七八一〜一七八九）には、一四家の大名が水戸道中を通り、ほかに常陸・下総両国に知行地《ちぎょうち》（領地）をもつ旗本も通行しました。水戸道中を通る大名の数は、時期によって増減があります。水戸道中は、御三家の一つ水戸徳川家（三五万石）と関わりの深い街道でした。水戸徳川家の当主は参勤交代をせず、江戸にいるのが原則でしたが、必要に応じて水戸道中を通って水戸に帰ることがありました。

徳川将軍は、徳川家康の命日に、家康が祀られた日光東照宮に参詣することがありました。これを、日光社参《にっこうしゃさん》といいます。日光社参の際には、将軍や付き従う大名たちの多くは日光道中を通りましたが、日光道中の混雑を避けるため、水戸道中を小金宿まで行き、さらにその先の小金上町新田（現柏市）のあたりで水戸道中から北に分かれて、山崎・関宿《せきやど》などを経て、雀宮《すずめのみや》で日光道中と合流する、日光東道中《にっこうひがしどうちゅう》（日光東往還《おうかん》）と呼ばれるルートを利用する大名たちもいました。

小金城の堀

・**小金町**

次に、小金町（小金宿《こがねしゅく》）についてお話しします。宿場の多くはもともと地域の中心地だったところに設定されましたが、小金町の場合も御多分に漏れず、小金の地は鎌倉時代以来、交通・商業の要地となっていました。

戦国時代の小金は、本土寺の門前町《もんぜんまち》と小金城の城下町という二つの性格をもっていました。本土寺は、前述したように、日蓮宗の名刹《めいさつ》です。小金城は、東西八〇〇メートル、南北六〇〇メートルに及ぶ大きな規模をもつ、関東地方でも有数の中世城館です。小金城は戦国の領主・高城氏の本拠地でした。高城氏は、戦国大名北条氏に属し、下総国西部で勢力をふるいました。

中世の主要ルートだった鎌倉街道下道《しもみち》（江戸時代の水戸道中とほぼ重なります）は、小金の南端手前で左に折れて小金の町場に入り、町場の北端で右折して柏方面に向かっていました。小金は、中世から交通の要衝でもあったのです。そうした中世以来の歴史があったため、小金は江戸時代の初めから、小金村ではなく小金町と呼ばれていました。そして、一七世紀初頭に、水戸道中の宿場に設定されたのです。宿場になってからは、小金町は小金宿とも呼ばれました。本書では、基本的に小金町と表記しますが、特に宿場に関して述べるときは小金宿の表記も使います。

小金町の町並みは、明治一三年（一八八〇）ころには約九三〇メートルありました。町の北部には、幕府の牧（馬の放牧場）を管理する野馬奉行綿貫氏の御用屋敷がありました。小金町には北側の上組《かみぐみ》（上町・上宿《かみじゅく》）と南側の下組《しもぐみ》（下町・下宿《しもじゅく》）という二つのまとまりがあり、伝馬役は上組と下組が半月交替で務めました。

町並みには、北から上町《かみ》・中町《なか》・下町《しも》という区分もありました。また、上町の柏寄りには横町《よこちょう》がありました。江戸時代後期になると「小金中町江戸まさり」と言われたとされ、東漸寺や本陣のあった中町が小金町の中心として繁栄しました。小金町の町並みには、上組・下組と上町・中町・下町という二つの区分があったのです。上組・下組は上町・下町と言われることもあって、いささか紛らわしいところがあります。

小金町の領域は街道沿いの町並み部分だけではなく、領域内には多くの田畑もありました。そうした耕地部分も含めた領域全体を管理・運営するために年寄《としより》（組頭《くみがしら》）・百姓代《ひゃくしょうだい》が置かれました。名《な》主《ぬし》（小金町の最高責任者）がいるときもありましたが、不在期間のほうが長かったようです。名主が空席のときは、組頭が町を代表しました。寛政《かんせい》元年（一七八九）の戸数（小金町・小金横町・小《こ》金町新田《がねまちしんでん》の合計、小金横町・小金町新田については後述）は一六九戸、人口は六一〇人でした。また、寛政一〇年の戸数は一六三戸で、組頭（年寄）が六人、その下役《したやく》（帳付・馬差）が四人おり、馬が八疋いました。小金町の住民たちは、交通運輸関係の職業に携わるとともに、農業も営んでおり、身分的には百姓でした。町（宿）に住む百姓だったのです。名主・年寄・百姓代も、百姓が務めました。

人馬の継立を差配する問屋は、六人（のち七人）の年寄が、上組と下組に分かれて、半月ずつ交替で務めました。同一人が、年寄と問屋を兼帯していたわけです。問屋の半月交替制に対応して、助郷村々はひと月に負担する人馬を二分して、上組と下組にそれぞれ差し出しました。

名主の不在期間が長かったため、年寄六人で、耕地の管理と人馬の継立をともに行ない、さらに小金横町・小金町新田・小金原新田《こがねはらしんでん》・小金西新田《こがねにししんでん》・小西新田《こにししんでん》（これらについては、第五章でくわしく述べます）などの管理もしていたのです。しかし、安政《あんせい》元年（一八五四）の異国船（ペリー率いるアメリカ艦隊）渡来以降、水戸藩士など武士の通行量が増えて、人馬の継立に手が回らなくなっ

日暮家の墓所（本土寺）

たため、幕府代官の許可を得て、年寄を七人に増やしました。

小金町には、本陣（中野家や大塚家（井筒屋《いづつや》）が務めました）・脇本陣のほか、水戸徳川家（水戸藩）専用の本陣がありました。小金町は、江戸を出た水戸藩主一行が最初に宿泊するのにちょうどよい位置にあったのです（日本橋から七里二四町）。水戸徳川家専用の本陣は「水戸御殿《みとごてん》」と呼ばれ、日暮《ひぐらし》家が管理していました。日暮家は、戦国時代の小金城主高城氏の家臣だったといわれる家で、当主は代々「玄蕃《げんば》」を名乗っていました。

弘化《こうか》三年（一八四六）には、取手・藤代・我孫子の三宿から旅籠代値上げの相談があり、その結果、小金宿を含めた四宿で、旅籠代を武士は三〇〇文、商人は二五〇文としています。なお、江戸時代の小金宿の町並みについては、図2と図3からイメージをつかんでいただければと思います。

図2　小金宿街割図

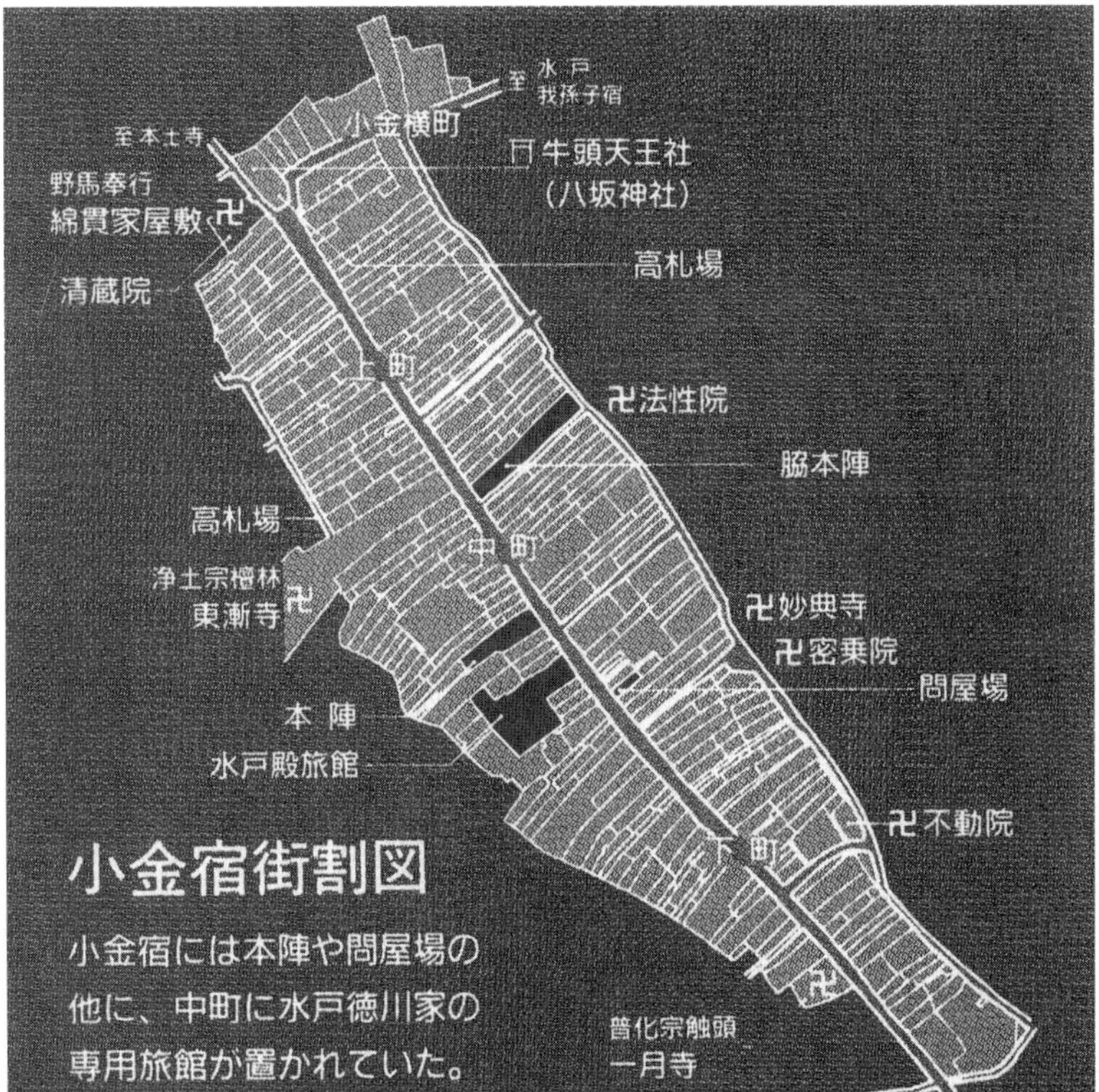

『改訂版　常設展示図録』
（松戸市立博物館.2004年）より転載

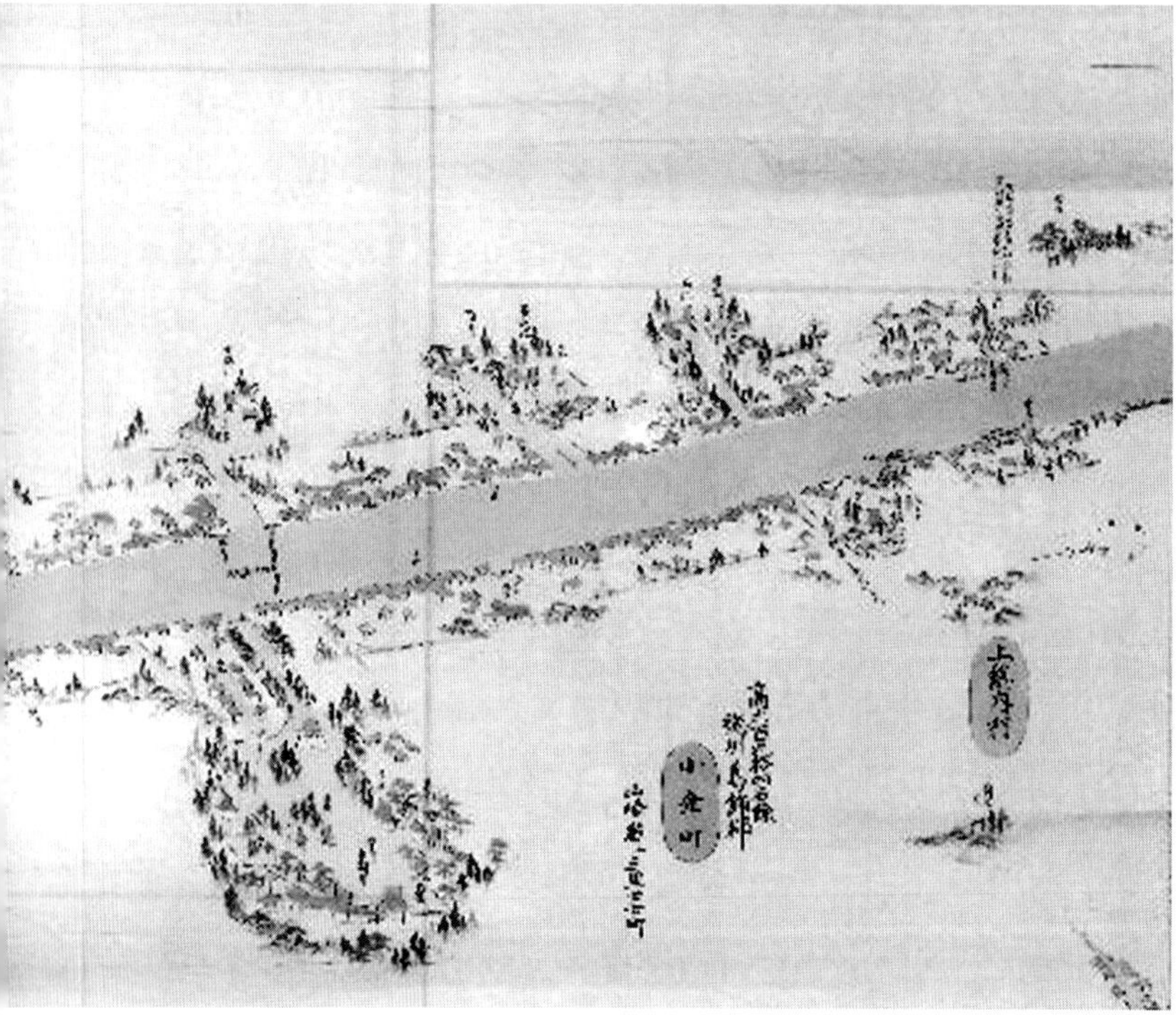

図3　文化年間「五街道分間延絵図」のうち
小金町の部分

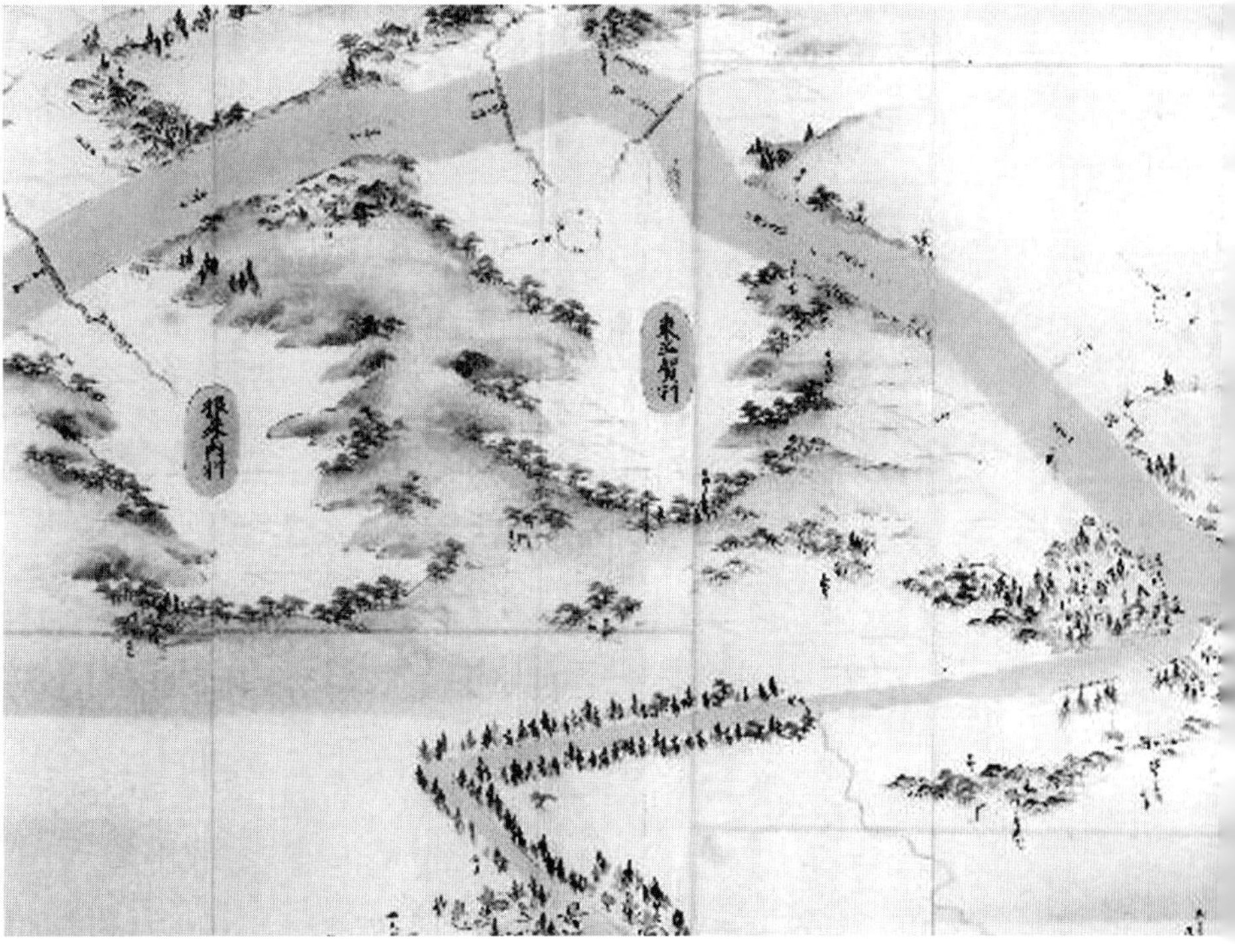

『関宿通多功道見取絵図』第1巻、東京美術刊、1999年
より転載（原図は東京国立博物館蔵）

表1　小金町の定助郷（寛保２年以降）
－1742－

延享３年勤役　　33か村
－1746－

久保平賀村，幸田村，大畔村，北村，平方新田，上総内村，根木内村，芝崎村
貝塚村，小谷村，西深井村，ニッ木村，平賀村，野々下村，谷津村，上新宿村
同新田，三ヶ月村，中金杉村，市ノ谷村，南村，平方村，東深井村，八ケ崎村
馬橋村，鰭ヶ崎村，思井村，中村，加村，前平井村，後平井村，古間木村，
幸谷村

延享４年勤役　　32か村
－1747－

大谷口村，七右衛門新田，古ヶ崎村，佐津間村，名都借村，横須賀村，主水新田，栗ヶ沢村，粟野村，長崎村，流山村，九郎左衛門新田，酒井根村，東平賀村，十太夫新田，木村，三村新田，逆井村，中新宿村，駒木新田，大谷口新田，伝兵衛新田，藤心村，前ヶ崎村，青田新田，中ノ久木村，桐ヶ谷村，下花輪村，三輪野山村，西平井村，殿平賀村，向小金新田

『松戸市史　中巻　近世編』所収の表を一部改変

3　小金町の助郷

・小金町の助郷

小金町には、宿場の義務として、継立のための人馬（伝馬）を常に用意しておくことが求められました。用意すべき人馬数は、延享《えんきょう》年間（一七四四～一七四八）の幕府の裁定によって、馬一六疋とされ、その後小金町で飼っている馬が減少したため、八人・八疋とされました。このうち、二人・二疋は水戸徳川家の御用飛脚《ごようびきゃく》（水戸徳川家の公用書類を継ぎ送る役）などを務めるために、別枠で確保されていました。したがって、日常的に継立の仕事に当たるのは、六人・六疋だったのです。

しかし、これだけでは継立に必要な人馬にはとても足りません。そのため、宿場周辺の村々に助郷役が課されました。助郷役は、宿

場周辺の村々が務める伝馬役です。宿場からの要請に応じて、宿場に応援の人馬を出すのです。

一八世紀前半まで小金町の定《じょう》助郷を務めていた村々には江戸川沿いの村が多く、水害のために助郷役務めが困難になってきたという理由で、寛保《かんぽう》元年（一七四一）に、小金町と定助郷村々から幕府に、助郷村を増やしてくれるよう願い出ました。それが認められて、小金町の定助郷は六五か村に増えました（のちに六七か村になります）。そして、翌寛保二年からは、この六五か村が、三三か村と三二か村の二グループに分かれて、隔年で助郷役を務めることになりました。この時点で、小金町の助郷の基本形態が確立したといえます。定助郷には、宝暦《ほうれき》六年（一七五六）から高柳《たかやなぎ》・塚崎・大井三か村が加わりました。逆に、向小金新田《むかいこがねしんでん》が抜けます。定助郷村々を、表1に示しておきます。

・助郷村々の負担

嘉永《かえい》元年（一八四八）時点での小金町の助郷村々は、次のとおりです。

小金領《こがねりょう》定助郷	三二か村組	高《たか》合計	六五八九石一斗　二勺
	三五か村組	高合計	六二三七石一斗四升九合
合　計			一万二八二六石二斗四升九合二勺
小金領加助郷	一八か村	高合計	三八九一石六斗四升八合
庄内《しょうない》領加助郷	三三か村	高合計	一万四八四〇石三斗五升四合五勺

二郷半《にごうはん》領加助郷　八〇か村　高合計　一万九七八一石三斗五升二合
松伏《まつぶし》領加助郷　　一四か村　高合計　　八三六二石七斗
総　　計　　　二一二か村　高合計　五万九七〇二石一斗一升　　五勺（数値は史料のまま）

この時点では、定助郷だけでなく、加助郷も指定されています。定助郷が六七か村、加助郷が一四五か村、計二一二か村です。小金領・庄内領などというのは、戦国時代から続く地域呼称です。小金領は小金町の周辺一帯の地域で、現在の松戸市・流山市・鎌ヶ谷市・柏市・市川市・船橋市・我孫子市にまたがっています。「高合計」というのは、各村が助郷役を務める際の基準になる石高《こくだか》を合計したものです。たとえば、「小金領定助郷　三二か村組　高合計　六五八九石一斗二勺」とは、定助郷を務める小金領三二か村については、石高六五八九石一斗二勺を基準に助郷人馬が割り当てられるということです。この石高六五八九石一斗二勺は、各村の負担基準高（助郷務め高）の合計です。

各村の負担基準高は必ずしも村全体の石高（村高《むらだか》）ではなく、村高の一部だけが負担基準高とされることがままありました。村高五〇〇石の村が、負担基準高はそのうちの二五〇石とされるといった具合です。その場合、村高全体が負担基準高とされた場合と比べて、村の負担は半分で済みます。助郷役が石高一〇〇石につき人足《にんそく》四人の割合でかかってきたとき、村高を基準にすれば、村高五〇〇石の村では二〇人の人足を出さなければなりませんが、その村の負担基準高が二五〇石なら一〇人出せばいいわけです。

嘉永《かえい》六年（一八五三）には、助郷村々への通常の割当人馬は、負担基準高一〇〇石当たり毎月八人・八疋（年に九六人・九六疋）ということになっていました。ただし、実際にはこれより多いことも少ないこともあり、大規模通行の際にはこれ以上の人馬が村々に割り当てられました。

宝暦《ほうれき》年間（一七五一～一七六四）までは、助郷村々の年間の負担は、石高一〇〇石につき人足六〇人、馬六〇疋くらいでした。その後、負担は増加し、享和《きょうわ》三年（一八〇三）には一年に石高一〇〇石につき人足一二〇人余、馬一二〇疋余になっています。時代が下るにつれて街道の交通量は増え、それにともなって助郷村々の負担も増大していったのです。その負担量を表2に示しました。

表2　小金町から助郷55か村への割当人馬（石高100石当り）

年	馬	人足	月当り 馬	月当り 人足
	疋	人	疋	人
安永10年	149	149	12	12
天明 3年	107	126	9	11
天明 5年	123	106	10	
天明 7年	117	94		
寛政 元年	119	90		
〃 3年	117	97		
〃 4年	100	62		
〃 5年	96	87		
〃 6年	134	101		
〃 7年	126	106		
〃 8年	111	127		
〃 9年	136	119		
〃 10年	128	100		
〃 11年	140	116		
〃 12年	145	135		
享和 元年	135	106		
〃 2年	115	95		

（吉野家文書）

『松戸市史　中巻　近世編』所収の表を一部改変

助郷村々への人馬の割当は、小金町を支配する幕府代官を通じて行なわれました。小金町の問屋の割当に不公平・不公正がないように、代官が割当の妥当性を確認したうえで割り当てるというかたちをとったのです。代官からの割当

東　漸　寺

命令だということで、助郷村々の側も否応なく人馬を出しました。このやり方は、延享《えんきょう》年間（一七四四〜一七四八）と享和三年（一八〇三）における、小金町と助郷村々との意見対立の際に、助郷村々の要求によって実現したものでした。享和三年の対立については、第三章でくわしく述べます。

・助郷人馬の請負

小金町（幕府領）の住民が雇替《やといかえ》を引き受ける（助郷村々の代わりに人馬を出す）ことは建前上禁止されていたので（実際には行なわれましたが）、助郷村々では小金町東漸寺領の名主久左衛門《きゅうざえもん》と雇替契約を結んで、彼に人馬の調達を請け負ってもらいました。小金町の一角に東漸寺とその領地があり、そこには百姓が住み、独自の名主が置かれていたのです。助郷村々は、高一〇〇石につき金四両一分《ぶ》を、毎年久左衛門に前金で支払いました。そして、久左衛門は、人を雇って彼らに助郷役を務めさせて、助郷村々から支払われた金を彼らに給金として渡しました。助郷村々が払った金と、実際に助郷役を務めた人たちの給金との差額が、久左衛門の収入になったのです。

安政二年（一八五五）にも、久左衛門が請負人になっています。そして、文久《ぶんきゅう》二年（一八六二）には、二郷半領の八〇か村が、新たに日光道中の当分助郷に指定されたために、小金町の加助郷を免除され、代わりに下総国印旛郡《いんばぐん》・同国千葉郡・上総国（現千葉県）武射郡《むさぐん》・山辺郡《やまべぐん》などの一七七か村が加助郷に指定されました。新たに指定された村々は小金町から遠方の場合が多く、村から小金町まで人馬が出かけて行くことは難しかったので、久左衛門に雇替を依頼しています。

翌文久三年一〇月には、前年新たに加助郷に指定された村々のうち、下総国千葉郡中田村・古泉《こいずみ》村・富田《とみた》村の三か村が、幕府に助郷役の免除を願い出ています。三か村は、それぞれすでに伝馬役や牧（幕府の馬の放牧場）の人足役（牧の維持・管理のための労役）などの負担を負っているので、さらに小金町の助郷役を務めるのは無理だと訴えています。また、三か村より小金町に近い村でも、小金町の加助郷に指定されていない村があるとも述べています。残念ながら、この嘆願の結果、三か村が助郷役を免除されたかどうかはわかりません。

慶応《けいおう》四年（＝明治元年、一八六八）時点では、下総国相馬郡《そうまぐん》大島田村《おおじまたむら》ほか二一か村が代助郷《だいすけごう》（加助郷・代助郷については二〇ページ参照）になっています。この代助郷の村々は、慶応四年七月までは小金町からの触れ当てどおりに人馬を差し出していましたが、その後は触れ当てても人馬を出そうとしませんでした。そのため、小金町から願い出て、代わりに下総国香取郡《かとりぐん》須賀村ほか三六か村が助郷に指定されています。

第三章　小金町と助郷村々との対立

1　享和三年の対立

・小金町と助郷村々との微妙な関係

第二章で述べたように、宿場の人馬だけでは継立《つぎたて》ができないときには、助郷《すけごう》村々が人馬を出して宿場の継立を助けます。このように、基本的には宿場と助郷村々とは協力関係にあったわけですが、ときにはどちらがどれだけ人馬を出すかをめぐって対立することもありました。宿場と助郷村々の双方にとって、人馬の継立（伝馬役《てんまやく》）は負担や義務の側面が強かったからです。

庶民の通行ならば相対賃銭《あいたいちんせん》がもらえますが、無賃や御定賃銭《おさだめちんせん》での継立の際は、労働に見合った報酬を受け取ることはできません。それでも、宿場では、宿泊業や飲食業の収益によっていくらか埋め合わせができましたが、助郷村々にはそうした収益源はありません。そこで、助郷村々はできるだけ助郷役負担を免れようとしました。しかし、宿場の側では、助郷村々の支援が不可欠です。そのため、宿場と助郷村々との間で、伝馬役負担の分担をめぐって対立が起こるのです。

宝暦《ほうれき》一三年（一七六三）には、流山《ながれやま》村・木村・七右衛門新田《しちえもんしんでん》・大谷口《おおやぐち》新田・三村《みむら》新田・主水《もんと》新田・九郎左衛門《くろうざえもん》新田・伝兵衛《でんべえ》新田・古ケ崎《こがさき》村の定助郷《じょうすけごう》九か村が、小金町から幕府代官所を通じて人馬を触れ当てても、人馬を差し出さないという問題が起こりました。四月になって、九郎左衛門新田だけは人馬を差し出しましたが、ほかの八か村はいっこうに差し出そうとしません。そこで、四月に、小金町の組頭《くみがしら》たちが幕府に、八か村に人馬の差出を命じてほしいと願っています。なぜ八か村が人馬を出さなかったのか、また最終的な結末はどうなったのかなど、肝心の点が不明なのですが、宝暦一三年に、小金町と一部の助郷村々との間でトラブルが発生していたことがわかります。

・助郷村々が小金町を訴える

その後、享和《きょうわ》三年（一八〇三）に大きな訴訟事件が起こりました（この事件については上野顕義氏が紹介しています）。享和三年閏《うるう》一月に、小金町の助郷六七か村のうち五五か村が、葛飾郡西平《かつしかぐんにしひら》井村名主又兵衛《いむらなぬしまたべえ》と同郡古間木《こまぎ》（駒木）村名主兵右衛門《へいえもん》を代表に立てて、小金町の組頭六人を相手取って、幕府に訴え出たのです。まず、助郷村々の主張を聞いてみましょう（以下、引用史料はすべて現代語訳しています）。

（助郷村々の主張）

小金町から助郷村々に割り当てられる人馬が近年はとりわけ多くなって、今では高一〇〇石につき人足一二〇人余、馬一二〇疋余を毎年負担しています。これは、隣の松戸宿の助郷村々よりも重い負担です。

私どもの村は小金牧《こがねまき》（幕府の牧の一つ）に近いため、放牧されている馬を捕まえたり、牧場維持のための土木工事をしたりする役目があります。また、江戸川にも近いため、治水工事のための人足も大勢負担しています。このように、ただでさえ負担が多いところに、助郷の負担が増加したため、村人たちは皆困窮し、馬を飼っておくこともできないありさまです。そして、村外に奉公に出て、その給料で家族を養っている者が多いため、村の成年男性人口は近年たいへん減少しています。人馬ともに数が減ってしまい、助郷役《すけごうやく》務めが困難になっているのです。

小金町から割り当てられた数の人馬を出せない村々では、仕方なく割り当て数の一部について、小金町やその近村で人馬を雇って（雇替《やといかえ》）、やっとのことで助郷役を務めています。しかし、近年は人馬の触当《ふれあて》（小金町からの人馬の割当）が増えるにしたがって、人馬の雇い賃も高騰しているため、助郷村々の者たちは雇い賃の支払いによって困窮し、今後は助郷役務めに支障が出ることが懸念されます。

延享《えんきょう》年間（一七四四～一七四八）に、小金町と助郷村々が、人馬の務め方をめぐって訴訟沙汰になり、幕府の裁許によって、小金町では有馬《ありうま》（当時小金町で飼われていた馬）一六疋で伝馬役を務め、それで不足する分を助郷村々に割り当てることに決まりました。

その後、宝暦年間（一七五一～一七六四）には、小金町と助郷村々が幕府の吟味を受けて（三六ページで述べた流山村など九か村の一件かもしれません）、①小金町の問屋場では、通行した武家の名前と、その際に助郷村々が出した人馬の数を、毎日帳面に記録しておくこと、②助郷村々の代表（助郷惣代《すけごうそうだい》）が、毎日小金町の問屋場に立ち会って助郷人馬の差出・勤務状況を確認すること、が定められました。そのため、その直後は助郷村々から差し出す人馬も少なくて済み、とても管理が行き届いていました。

しかし、その後は、小金町と助郷村々の双方とも管理が緩み、帳面への記載もなおざりになり、助郷村々の惣代が問屋場に立ち会うこともなくなりました。そして、小金町側が、自分たちが負担する人馬を勝手に減らしたため、その分助郷村々の負担が増えています。そこで、以前のように、助郷惣代が小金町の問屋場に詰めて、助郷村々からの人馬の到着・勤務状況を確認したいと存じます。

また、小金町側では先年幕府から仰せ渡されたとおりの数の馬（一六疋）で伝馬役を務めるとともに、小金町・助郷村々双方が出した人馬の日々の稼働状況を記載した帳面（「日〆帳《ひじめちょう》」）に宿役人《しゅくやくにん》（問屋）と助郷惣代が確認の印を押して、その帳面を小金町を支配する幕府代官浅岡《あさおか》彦四郎《ひこしろう》様の御役所に毎年提出するようにすれば、助郷村々から不要の人馬を差し出すこともなくなり、人馬の管理もうまくいくものと存じます。

そこで、助郷村々が相談して、以上のことを小金町に申し入れました。しかし、小金町側が勝手なことを言って交渉がまとまらないため、仕方なく昨年（享和二年）一一月に、助郷村々の代表が、浅岡彦四郎様の御役所に訴え出ました。御役所から双方でよく話し合うように言われたので再度掛け合ったところ、小金町側は、助郷惣代が帳面の確認に立ち会うことは認めましたが、小金町から出す人馬は一日に八人・八疋までとし、さらにそのうち二人・二疋は水戸藩の御用に備えて待機させておく（実際には働かない）などと勝手なことばかり言うので、話し合いはまとまりませんでした。

それでも、助郷惣代の立会については合意できたので、享和三年一月一日から立会を実施することにしました。しかし、どういうつもりか小金町側はその時になって助郷惣代の立会を拒否し、さらに一月には、村々から小金町に出向いた助郷人馬の統率者（宰領《さいりょう》）に大勢で暴行を加えたり、助郷に出た者の小金町での宿泊を妨害したりしたため、助郷村々はたいへん難渋しております。

もっとも、助郷村々六七か村のうち一二か村は、ほかで雇った人馬で支障なく助郷役を務めているため、今回の訴訟には加わっていません。しかし、私ども五五か村は村から実際に人馬を出しており、その人馬に前記のような仕打ちをされて難儀しているため、やむなく今回御訴訟申し上げるしだいです。どうか、小金町の役人たちに、①小金町から出す人馬を減らすことなく、先年の幕府の仰せ渡しどおりの人馬を出すこと、②「日〆帳」の確認に助郷惣代を立ち会わせること、③小金町に出向いた助郷村々の者に不法行為をはたらかないこと、を命じていただければありがたく存じます。

このように、助郷村々は、幕府に長文の訴状を差し出しています。あらためて、そのポイントをまとめておきましょう。助郷村々は、過重負担と人口減少によって村人たちが困窮しており、助郷役を務めるのが困難になっていると訴えています。それに加えて、小金町が規定の人馬を出さないため、助郷村々にそのしわ寄せが来ているというのです。助郷村々では、小金町に規定どおりの負担（馬一六疋）を求めるとともに、助郷惣代（助郷村々の代表）を小金町の問屋場に常駐させて、助郷村々から出した人馬が適切に使われているかどうか、きちんとチェックしたいと要求しています。さらに、争いのなかで、小金町に出向いた助郷村々の者たちが、小金町の者から暴行や嫌がらせを受けているとも訴えています。

・小金町側が反論する

では、小金町の側は、どのように言っているのでしょうか。享和三年二月に、小金町の組頭六人は、四郎左衛門《しろうざえもん》と源助《げんすけ》を代表に立てて、幕府の評定所《ひょうじょうしょ》（現代の最高裁判所に当たります）に、次のような返答書を提出しました。

（小金町の主張）

助郷村々の側は、小金町が自分たちで務める人馬の数を減らし、その分の負担を助郷村々に押し付けていると主張していますが、その実態は次のとおりです。

延享年間の小金町と助郷村々の訴訟のときに、幕府の担当者の木下伊賀守《きのしたいがのかみ》様は、「小金町が伝馬役を務める人馬に定数はない。実際にいる一六疋の馬を使って、百姓の役として務めよ。それで足りなければ、助郷村々に割り当てて負担させよ」と仰せ渡されました。そのとき、当時小金町を支配していた御代官様が助郷村々に出した御触書《おふれがき》にも、「小金町にいる馬については、頭数の増減にしたがって、そのとき実際にいる数だけ差し出せばよい。助郷村々の百姓どももそのように心得よ」と記されています。

小金町は石高が六四八石余で、屋敷は台地上にありますが、石高五三〇石余の田畑は江戸川に近い低地にあり、そこは九か村の耕地が入り交じっています。田畑は年々水害に遭うので、収穫が皆無のことも少なくありません。そのため、小金町の住民たちは困窮し、経営が破綻する者も多数出ています。馬も、このところ八疋しかおりません。しかも、そのうち二疋は水戸様の早飛脚《はやびきゃく》（書状などを急ぎで運ぶ役）の御用に備えて昼夜待機しているので、残りの六疋で伝馬役を務めております。人足に関しては、無賃（無料）で務める分は小金町の人馬を使って務めており、特別大人数の通行のとき以外は、助郷村々に無賃で人馬を提供させることはありません。

実態は以上のとおりですが、助郷村々の惣代たちはどういうつもりか、享和二年一一月に人馬の使い方に関して、代官浅岡彦四郎様に訴え出ました。そこで、私ども（小金町の組頭たち）が助郷惣代たちと話し合ったところ、助郷惣代たちは、「助郷村々から出す人馬が増えていることについて、小金町のやり方には疑念がある。そこで、助郷惣代が毎日小金町の問屋場に立ち会って、人馬の使い方を見届けるようにしたい」と主張しました。私どもも、助郷惣代に疑心を抱かせないために、彼らの申し出を承知しました。しかし、なぜか助郷惣代たちが異議を唱えたため、立会は実現しませんでした。

小金宿は松戸宿と違って、常備する人馬に定数がありません。小金宿から人馬を継ぎ立てる先はいずれも遠方で、しかも水戸道中の我孫子宿と松戸宿のほかにも、布施《ふせ》村・山崎村・鎌ケ《かまが》谷《や》村・流山村へも継立の人馬を出さなければなりません（布施村など四か村にも小金町から道

野馬奉行綿貫夏右衛門の墓（慶林寺）

が通じていたのです）。各方面へ向かう途中には野道・坂道が多く、また通行が困難な窪地もあります（雨が降ると、水が溜まったり、ぬかるんだりするということでしょう）。雪や雨のときは、松戸宿から一疋の馬に積んできた荷物を、小金宿からは一疋で運ぶことが難しく、予備の人馬を付けて送り出すこともしばしばあります。

助郷村々から出す人馬は、全体として松戸宿の助郷村々と同程度の数になるように考えて、村々に割り当ててきました。また、助郷村々では、小金町の者たちが大勢で助郷村々の宰領に暴行をはたらいたなどと主張していますが、そうした事実はありません。享和三年一月に、宰領と小金町の者が口論をしたことはありましたが、それも和解して解決しています。

小金町は野馬《のま》奉行《ぶぎょう》綿貫《わたぬき》氏のお膝元なので、宿場の役目のほかに、小金牧に放牧されている馬を捕獲する役目や、牧の周囲の土手の土木工事を行なっています。また、江戸川の治水工事に関する費用や人足の負担もあります。小金町は、こうしたいくつもの役を務めているため、住民は困窮のなかで何とか暮らしを続けているありさまです。もちろん、不正行為などはけっして行なっておりません。

そうしたところに、助郷村々が小金町の窮状を侮って難題を言い掛けてくるというのは納得できません。どうかこうした事情を御理解いただき、助郷村々には小金町から割り当てたとおりの人馬を差し出すよう命じてください。そして、小金町が成り立つように取り計らっていただければ、有り難き仕合せに存じます。

以上が、小金町の反論です。そのポイントは、次のとおりです。小金町は、自分たちのほうこそ、伝馬役のほかにさまざまな負担を課されて困窮していると述べています。伝馬役務め自体の大変さも訴えています。そして、助郷村々の主張に対しては、次のように反論しているのです。

①助郷村々は、小金町には一六疋の馬を常備しておく義務があると主張するが、一六疋というのは固定した数ではない。そのときどきに小金町に実際にいる馬で務めればいいので、今は八疋で務めているのであり、何ら問題はない。また、無賃の継立は小金町の人馬で行ない、賃銭が支払われる継立を助郷村々に割り当てており、その点でむしろ助郷村々に配慮している。

②助郷惣代の問屋場での立会については、小金町側が了承しているのに、助郷惣代のほうで立ち会わないのである。小金町の者が、助郷村々の者に暴行をはたらいたというのも事実無根である。

小金町側は、このように助郷村々の主張に対して、全面的に反論しています。では、この訴訟はどのように決着したでしょうか。

2　対立と和解の結末は？

・和解の成立

この訴訟は、幕府評定所による判決が出る前に、松戸宿の源内《げんない》ら四人が仲裁に入って、享和三年三月に和解によって解決しました。その際に取り交わされた証文に記された和解内容は、次のようなものでした。

（小金町と助郷村々の和解内容）

一、《ひとつ》小金町が差し出す人馬については、延享年間の訴訟の際に出された判決のとおり、継立に使う馬は今実際に小金町で飼っている馬八疋で務めればよい。そして、小金町の人馬だけでは不足する分は、助郷村々に人馬を割り当てる。なお、先触《さきぶれ》（幕府や大名が、通行の際に必要な人馬の数をあらかじめ知らせる触）などの継ぎ送りは小金町で行なう。

一、助郷村々の惣代が小金町の問屋場に毎日立ち会い、小金町の者の人馬の出し方や、助郷村々からの人馬の到着状況などを確認する。そして、「日〆帳《ひじめちょう》」（人馬の使用状況を毎日記録する帳面）に、小金町を通った武家の方々の姓名や、先触の有無、小金町と助郷村々がそれぞれ差し出した人馬の数、人馬を出した村の名前、働いた人馬への賃銭の支払い状況などを記載する。「日〆帳」には、問屋と助郷惣代が確認の印を押す。また、助郷惣代が「日〆帳」

の内容を写した帳面（手控《てびかえ》）にも、問屋と助郷惣代が確認印を押す。そのようにして、小金町・助郷村々の双方とも、人馬の差し出し方について疑惑を抱くことがないようにする。

一、小金町から助郷村々に人馬を割り当てる際には、先触に記された人馬数にしたがって割り当て、不要の人馬を出させることがないようにする。先触なしでの臨時の通行がたくさんあるようなときは、問屋と助郷惣代が相談して、通行に支障がないように取り計らう。万一、差し出した人馬のなかに病人・病馬が出た場合も、問屋と助郷惣代が相談して対処する。

一、水戸様（水戸徳川家）の御用飛脚を務めるため、小金町の人馬のうち二人・二疋ずつを毎日待機させておく。

一、このたび、小金町と助郷村々が話し合って、助郷惣代が問屋場に立ち会うようになったからには、助郷村々の側は、割り当てられた人馬が遅刻や欠勤をしないようにする。小金町は、当時飼っている八疋で伝馬役を務めることになった以上は、それ以外の馬を町に置かない。街道の交通運輸労働で稼ぐために、八疋以外の馬を飼うことは禁止する。助郷惣代が抜き打ちで調査するので、そのときに小金町で八疋以外の馬が見つかったら、その馬にも伝馬役を務めさせる。総じて、小金町・助郷村々とも互いに仲良くして、伝馬役務めに支障がないようにする。

一、小金町に詰める助郷惣代や、助郷村々から小金町に出かけた者は、小金町の者と相対《あいたい》で交渉して、小金町での宿を決める。

以上の和解内容のポイントを整理しておきましょう。まず、小金町が負担する馬の数については、小金町の主張が認められました。すなわち、そのとき実際にいる馬だけで伝馬役を務めればいいとされたのです。当時小金町にいた馬は八疋とされたので、八疋で務めることになりました。延享年間に、幕府がそのように判決を出していたのです。助郷村々が、幕府の判決内容を正確に理解していなかったわけです。また、小金町の負担する人馬（八人・八疋）のうち、二人・二疋は水戸藩のために別枠で待機させておくこととされました。「水戸御殿」（二六ページ参照）の存在といい、水戸道中においては、水戸藩が特別な位置を占めていたのです。

次に、小金町の問屋場での人馬継立に助郷惣代が立ち会う件については、訴訟のなかで、助郷村々が主張し、小金町もそれを認めていました。しかし、実現はしていなかったのです。双方とも、その原因は相手側にあると主張していました。それが、和解によって、助郷惣代の立会による人馬の稼働状況の確認が実現することになり、以後は公平・公正な伝馬役務めがなされることが期待されました。この点では、助郷村々の主張が通っています。

・争いはまだ続く

このように互いの主張を一部ずつ認め合うかたちで和解が成立しました。これで問題解決かと思われましたが、そうはいきませんでした。和解から数か月しかたたない享和三年七月に、小金町の助郷六七か村のうち五四か村が、葛飾郡柴崎《しばさき》（芝崎）村名主常右衛門《つねえもん》と同郡根木内《ねぎうち》村名主藤四郎《とうしろう》を代表に立てて、小金町の組頭六人を相手取って、再び幕府に訴訟を起こしたのです。小金町が和解内容に違反しているというのが、出訴の理由でした。では、助郷村々の主張を聞いてみましょう。

（助郷村々の主張）

今年三月の和解時の取り決めどおり、助郷村々では惣代を小金町の問屋場に毎日立ち会わせて、その後は滞りなく人馬の継立を行なってきました。また、和解時の取り決めでは、小金町は馬八疋で伝馬役を務めるが、小金町の者がそれ以外の馬を飼った場合は、その馬にも伝馬役を務めさせることとされました。

ところが、実際は小金町には三〇疋余の馬がいるにもかかわらず、小金町では八疋分の伝馬役しか務めようとしません。また、無賃の人馬は小金町で負担し、賃金が支払われる人馬の継立は助郷村々が務めるという原則になっていますが、そのへんの区別がはっきりせず、小金町では助郷村々にも無賃の人馬継立を務めさせています。さらに、助郷村々が不要の人馬を割り当てられることも多く、そのために助郷村々の負担が増加しています。

小金町では、問屋場に立ち会う助郷惣代にいろいろと難題を言い掛けて困らせたり、助郷村々から小金町に出かけた人馬の宿泊費を通常の二倍にしたりしています。今年一月に小金町の者どもに暴行された大井村（定助郷村々の一つ）の宰領はいまだに後遺症が残っており、それを思うと助郷惣代たちは夜に安心して小金町を歩くことができません。

また、助郷村々から伝馬役務めのために小金町に引いていった馬を、小金町の宿屋に繋いでおくと、夜中に逃げ出してしまうことがあります。村役人からは夜番をするように言われましたが、馬の所持者がめいめい寝ずの番をしていては皆疲れてしまい、翌日の伝馬役務めに支障が出てしまいます。そこで、小金町のなかに馬小屋を一か所設けて、そこに助郷村々の馬をまとめて入れるようにすれば、夜番の負担も軽くなると思い、小金町の役人（組頭）たちに掛け合いましたが、彼らは取り合ってくれません。

以上申し上げたように。小金町の役人たちは助郷村々の人馬務めに支障が出るような取り計らいばかりするため、私どもはたいへん難儀しています。どうか、小金町の組頭たちを呼び出して、今年三月の和解内容を遵守し、助郷惣代や助郷村々の人馬の務め方を妨害しないよう命じてください。

このように、助郷村々は、小金町には不当に伝馬役を務めない馬が二〇疋以上もいると主張しています。また、小金町から割り当てられて、助郷村々の人馬が小金町へ行っても、実際は仕事がなくて無駄足になってしまうことがあるといいます。さらに、小金町の者たちは、助郷惣代や助郷村々の者たちに対して、さまざまな妨害や嫌がらせを今もって続けているというのです。そこで、助郷村々では、小金町にいるすべての馬がきちんと伝馬役を務めることと、助郷村々への妨害行為をやめることを、幕府から小金町に命じてほしいと訴えているわけです。

・再度の和解成立

こうした助郷村々の訴えに対して、小金町がどのように反論したかは、文書が残っていないためわかりません。しかし、この対立が、享和三年三月のときと同様、仲裁者が入って和解で解決したことはわかっています。享和三年八月に、葛飾郡上総内村《かずさうち》百姓専吉《せんきち》・小金町東漸寺領名主次右衛門《じえもん》ほか三人の仲裁によって、次に示すような内容で和解が成立したのです。

（小金町と助郷村々の和解内容）

七月に始まった今回の訴訟で、原告の助郷村々は、小金町には三〇疋余の馬がいると主張しましたが、被告の小金町では馬は八疋しかいないと反論しました。これについては、仲裁者たちから、小金町側の反論は心得違いであると言い聞かせたところ、小金町側も納得しました（小金町には八疋以外にも馬がいたようです）。

また、助郷村々は、小金町に出かけた人馬に対して小金町側が不都合なことをしていると主張しました。この点について双方でじっくり話し合った結果、小金町では、今後人馬の継立に支障が出ないよう、また助郷村々から出す人馬数が減少するように取り計らうことになりました。また、助郷村々から来た人馬が小金町に泊まるときの宿泊費は、先年の額に戻します。仲裁者からは、今後助郷村々の人馬の務め方に支障が出ないよう、小金町に言い聞かせました。

あとは、三月の和解時に取り決めたとおりとします。

このように、今回の和解では、助郷村々の主張がおおむね認められています。小金町には、助郷村々が人馬務めをスムーズに行なえるよう配慮することが求められました。やはり、助郷村々が出した人馬に対して、小金町側からの不都合な行為があったのでしょう。それが、この和解によって是正されることになったのです。こうして助郷村々の主張が認められたこともあって、これ以降、小金町と助郷村々との間で大きなトラブルは発生していません。小金町と助郷村々は、ときに対立することはあっても、基本的には互いに協力しつつ継立業務を遂行していたのです。

第四章　助郷村々相互の関係

1　助郷村同士の対立

第三章では、伝馬役務めをめぐる小金町と助郷村々の関係をみてきました。本章では、助郷村々同士の関係についてみていきましょう。まず、助郷役をめぐって助郷村同士が対立した事例を取り上げます。

下総国葛飾郡藤心《ふじごころ》村と八ケ崎《はちがさき》村（いずれも田中藩領、田中藩は駿河国《するがのくに》田中（現静岡県藤枝市）に本拠を置く大名）はともに小金町の定助郷村でしたが、両村とも村人がおいおい困窮して助郷役を務められなくなったため、宝暦六年（一七五六）に助郷役をほかの村にも割り当ててほしいと、幕府に願い出ました。

この願いは認められて、それまで藤心・八ケ崎両村で務めてきた助郷役を、以後は藤心・八ケ崎両村に高柳・塚崎・大井三か村（いずれも田中藩領）を加えた五か村で分担することになりました。定助郷村が三か村増えたのです。

それから六〇年余は五か村で助郷役を務めてきましたが、文政《ぶんせい》六年（一八二三）に至って問題が起こりました。同年八月に、高柳村の名主孫右衛門《まごえもん》らが、田中藩に助郷役負担の免除を訴え出たのです。では、高柳村の主張を詳しく聞いてみましょう。

（高柳村の主張）

高柳村は村高四一五石三斗三升六合で、宝暦年間（一七五一～一七六四）には家数六〇軒余、人数三七〇～三八〇人余ありました。しかし、村人たちは助郷の負担もあっておいおい困窮し、今では家数四〇軒余、人数二七〇人余となり、村にいる健康な成人男性は宝暦年間よりもだいぶ少なくなっています。

また、人手不足のため、田一〇町余、畑一〇町余が耕作できずに荒れ地になっています。そして、荒れ地からは収穫がないのに、そこに賦課される年貢・諸役《しょやく》（年貢以外のさまざまな税負担）は一部しか免除されないため、百姓たちはたいへん困っています。荒れ地を耕地に再開発しようにも、人手不足で思うに任せません。

さらに、高柳村は幕府の牧（馬の放牧場）に隣接しているため、牧関係の人足を毎年延べ一〇〇〇人余出しています。このように、ほかの村にはない負担が課されるので、助郷役務めに人馬を出すことができず、よそから人馬を雇ってようやく助郷役を務めているありさまです。

それに比べて、藤心・八ケ崎両村は近年経済状況が改善しているので、これまで高柳村が分担してきた助郷役を止めにしたいと藤心・八ケ崎両村に掛け合いましたが、両村は承知しません。藤心村は幕府の牧関係の御用を務めているので仕方ありませんが、八ケ崎村には元通りの助郷役を務めてほしいと思います。

高柳村では、助郷役務めにかかる経費の助成に充てるため、先年小金町を管轄していた浅岡彦四郎様の代官所に金二〇両を上納しました。代官所でそれを貸付に回してもらい（利殖してもらい）、年利一割五分（一五パーセント）の利息（金三両）を毎年高柳村で受け取ってきました。しかし、これも制度が変わって、今は年利一割の利息（金二両）しか受け取っておらず、これでは助成金としては不十分です。そこで、八ケ崎村に金二〇両（助成金の元本）を譲るという条件で、助郷役負担を八ケ崎村に返したいと掛け合いましたが、八ケ崎村ではどうしても引き受けてくれません。

ほかから人馬を雇うのにも、八ケ崎村なら高柳村より安い費用で雇うことができます。また、村から実際に人馬を出す場合も、高柳村からだと小金町まで往復三日かかりますが、八ケ崎村なら日帰りで済みます。八ケ崎村は小金町に近いため、経費や手間が少なくて済むのです。ですから、助成金二〇両の利息（金二両）は高柳村にとっては不足でも、八ケ崎村には十分なはずです。

高柳村では、村外へ奉公に行く者や村を捨てて出て行く者がいて人口が減少し、このままでは村が衰退していくばかりです。どうか高柳村の困難な状況を御理解いただき、高柳村が務めている助郷役を以前のとおり八ケ崎村で引き受けるよう、八ケ崎村へ御命じください。

・高柳村の主張のポイント

以上が、高柳村の主張です。助郷役は、村々にとっては重い負担です。そこで、村々では負担軽減のために、いろいろな行動を起こしました。前章でみたように、宿場を相手に訴訟を起こすというのも一つの方法です。ほかには、助郷役を務める村を増やすという方法もありました。寛保《かんぽう》元年（一七四一）に、助郷村々の数が六五か村に増えたのも、その一例です。

同じように、宝暦六年には、藤心・八ケ崎両村が村人の困窮を理由に、幕府に願って、高柳・塚崎・大井三か村を新たに定助郷村に加えてもらいました。それまで藤心・八ケ崎両村で負担していた人馬を、以後は藤心・八ケ崎・高柳・塚崎・大井の五か村で負担するのですから、藤心・八ケ崎両村の負担は軽くなります。他方、高柳・塚崎・大井三か村は新たな負担増となるわけですが、当時は三か村の経済状態にゆとりがあり、また同じ田中藩領の村からの頼みということもあって、助郷役務めを引き受けました。

しかし、その後六〇年以上たって事情が変わってきました。高柳村では、助郷役などの過重な負担によって村人たちが困窮し、耕地の荒廃が深刻化してきたのです。そこで、高柳村では、宝暦六年以前のように、助郷役務めを免除してほしいと訴えているわけです。八ケ崎村の経済状態が改善しているのだから、高柳村よりも小金町に近い八ケ崎村が、元通りの助郷役を務めるべきだという主張です。なお、このとき藤心・塚崎・大井三か村がどういう態度をとったかはわかりません。

もう一つ、高柳村の主張で興味深いのは、高柳村では助郷役務めにかかる経費（ほかから人馬を雇ったときに支払う賃金などでしょう）の助成に充てるための基金を設けていたという点です。村人たちが工面《くめん》して、金二〇両を用意したのです。そして、それを幕府の代官に預けて、代官の手でほかへ貸し付けてもらい、その利息を高柳村が受け取って、それを助郷役の経費の一部に充当したのです。二〇両を直接助郷役の助成に充てたのでは、金はすぐなくなってしまいます。そこで、二〇両の基金を貸付に回して利殖し、その利息分だけを助成に充てることにしたのです。これだと、元本の二〇両が減ることはありません。

しかも、基金の運用を幕府の代官に任せることで、貸し倒れを防ぐ効果があります。この二〇両は近隣の百姓たちに貸し付けられたと思われますが、彼らは御代官様からの借金だということで、確実に元利を返済したことでしょう。基金の運用に代官の協力を得るというのは、確かにうまい方法です。しかし、こうした工夫をしても、利率の低下によって、十分に助成の効果が上がらなくなってきたのです。そこで、高柳村では、仕方なく田中藩に訴え出たのでした。

・八ケ崎村の反論

それでは、八ケ崎村の側は、どう言っているでしょうか。文政六年八月に、八ケ崎村の村役人たちは、田中藩に宛てて、次のような高柳村への反論を行なっています。

(八ケ崎村の反論)

このたび高柳村から、困窮を理由に自村の助郷役務めを八ケ崎村に返上したい旨の掛け合いがありました。しかし、藤心・八ケ崎両村の助郷役務めを五か村で分担したわけですから、高柳村の負担分を八ケ崎村だけで引き取るいわれはありません。

高柳村では、近年八ケ崎村の困窮状況が改善したといっていますが、そのようなことはありません。八ケ崎村の家数は三五軒ですが、うち一〇軒余は破産同様の状態です。また、人口は一八一人ですが、そのうち村にいる成人男性はごく少数です。八ケ崎村の耕地面積八八町五反余のうち一〇町余は荒れ地になっていますが、荒れ地についても年貢・諸役は一部しか免除してもらっていません。新たな耕地開発予定地もありますが、人手不足のため、そこも荒れ地のままです。村民の困窮により、村の耕地の多くは近隣村の者の手に渡ってしまいました。その結果、現在八ケ崎村に土地を所持する他村の者は三八人もおり、八ケ崎村の戸数三五戸よりも多くなっています。

こうした窮状のなかでも、小金町の助郷役については、五か村で割り合ったとおりの人馬を、ほかから雇って差し出してきました。高柳村では、八ケ崎村が雇った人馬に支払う賃金は、高柳村が支払う賃金と比べて安いと主張しています。確かに多少の違いはありますが、賃金の額はお互い納得のうえで決めたことです。また、高柳村は小金町までの往復に三日かかるが、八ケ崎村は日帰りできると言っていますが、そんなに違うはずはありません。

高柳村は自村が困窮していると言いますが、助郷役務めの助成金二〇両を代官所に上納できるくらいの経済的余裕があります。それに対して、八ケ崎村にはそのような余裕はありません。そうしたところに、高柳村の主張どおり、同村の助郷役を引き受けることになったら、八ケ崎村全体が衰亡してしまいます。どうか、五か村で分担してきたこれまでのやり方を維持してくださるようお願いします。

以上が、八ケ崎村の反論です。八ケ崎村は自村が困窮状態から立ち直っているなどというのはまったくの偽りであり、とても以前のような助郷役負担をすることはできないと主張しています。高柳村も八ケ崎村もともに自村民の生活の苦しさをあげて、高柳村は負担の軽減を、八ケ崎村は現状維持を、それぞれ求めているわけです。

結果的には、高柳村の要求は認められず、現状維持となりました。いったん助郷村(特に定助郷)に指定されると、指定を解除してもらうのはかなり難しかったのです。

2　適正な助郷役負担を求めて

・助郷村々の負担の分かち合い

続いて、ほかの事例からも、助郷村々同士の関係をみていきましょう。

天保《てんぽう》七年（一八三六）四月には、同年四月から五月にかけて、大勢の水戸徳川家家中の通行があるので、定助郷の年番《ねんばん》（助郷を務める年に当たること、また当たった村々）三二か村だけでは人馬を賄いきれないという問題が起こりました。そこで、三二か村から、天保七年は休み年に当たる三五か村に援助を求めました。定助郷六七か村全体で相談した結果、①延享年間（一七四四〜一七四八）に多人数の通行の際の務め方について定めた趣旨に基づき、休み年の三五か村も年番の年に出す人馬の半分の数を負担する、②今後とも大規模通行があったときには、互いに半高《はんだか》（年番の年に出すべき人馬数の半分）ずつ助け合う、と定めた議定書《ぎじょうしょ》（取り決め書）を結んでいます。

先に述べたように、定助郷村々は、寛保元年に定めたとおり、寛保二年からは二グループに分かれて、隔年で助郷役を務めてきました。休みの年は、原則として何もしなくてよかったのです。しかし、交通量の増加によって、そうはいかなくなってきました。そこで、天保七年以降は、大規模通行があるときには、休み年の村々も、年番の年に務める分の半分だけは助郷役を負担することにしたのです。定助郷村々が負担を分かち合うことで、負担増を何とか乗り切ろうというわけです。

・加助郷の動員をめぐって

天保一四年（一八四三）に、水戸藩の松平七郎麿《まつだいらしちろうまろ》（七郎麻呂、のちの一五代将軍徳川慶喜《よしのぶ》、当時満五歳）が、江戸から水戸に下りました。五月一四日に江戸を出立《しゅったつ》し、同日夜に小金町の「水戸御殿」に宿泊したのです。このとき、定助郷六七か村では、馬一二五疋、人足六五六人を差し出しましたが、この人馬の数をめぐって問題が起こりました。五月一五日に、定助郷六七か村を代表して、葛飾郡西平井村の名主又兵衛《またべえ》と同郡中村の名主勘右衛門《かんえもん》が、小金町を管轄する幕府代官青山九八郎《くはちろう》の手代《てだい》（下僚）中沢斉介《せいすけ》に、次のように願い出たのです。

（定助郷六七か村が願い出た内容）

このたび、松平七郎麿様が江戸から水戸に御下りになるにつき、中沢斉介様から、小金町に人馬を差し出すよう命じられました。その際、これまでよりずっと多くの人馬を割り当てられたので、その理由を小金町に問い合わせました。小金町からの回答によると、今回は小金領の加助郷一七か村には助郷役を負担させず、定助郷六七か村のみに助郷役を割り当てたということでした。そのために、定助郷六七か村の負担が増加したというのです。

しかし、寛保年間（一七四一～一七四四）以来、水戸の御殿様（水戸藩主）の御通行の際に差し出す人馬は小金領と二郷半領《にごうはんりょう》の加助郷村々にも割り当て、水戸藩士の方々の御通行の際には小金領八四か村（小金領の定助郷六七か村と加助郷一七か村）に割り当てる決まりになっています。

それが、これ以降、加助郷一七か村が助郷役を免除されることになれば、定助郷六七か村の百姓たちは負担が増えてたいへん難儀することになります。加助郷村々はたまに助郷役務めをするくらいで、たいした負担ではありません。それに対して、定助郷村々のなかには、江戸川に近いため水害に苦しむ村が多く、それ以外の村もいずれも小規模の村で困窮しています。

近年は水戸藩関係の御通行が増えているところに、これまで加助郷村々が務めていた助郷役負担まで引き受けたのでは、もともと難渋している定助郷村々がさらに困窮に陥ることは目に見えており、何とも嘆かわしく存じます。これまで数十年来、何の問題もなく続いてきた仕来《しきた》りですので、加助郷一七か村に従来どおり小金町の助郷役を命じてくださるようお願いします。

定助郷六七か村は、松平七郎麿の通行に際して、小金領の加助郷一七か村の負担が免除されたことに抗議しているのです。松平七郎麿は藩主ではないので、彼の通行の際には、定助郷村々とともに、小金領の加助郷一七か村が助郷役を務めるのがルールだというのです。二〇ページで述べたように、加助郷は大規模通行の際に定助郷を助ける役割を負っていましたが、それが免除されれば、そのぶん定助郷村々の負担が重くなるわけです。

定助郷村々の訴えの結果を直接に示す史料は見当たらないのですが、三一ページで述べたように、嘉永《かえい》元年（一八四八）に小金領の一八か村（一七か村から一つ増えています）が加助郷とされているところをみると、定助郷村々の訴えは認められたのではないでしょうか。この事例でも、助郷村々の間での助郷役負担のあり方が問題になっているのです。

・通行量の増加に対応する

今みた定助郷と加助郷の問題の背景には、通行量の増加がありました。幕末に国内・国際情勢が多事多端になるにともなって、街道を行き交う人や物はさらに増えていきます。水戸道中でも、水戸藩の家臣たちの通行がいっそう頻繁になりました。そうなると、当然、助郷村々の負担も増加します。そこで、小金町の定助郷六七か村は、負担増に対応するため、安政《あんせい》七年（＝万延《まんえん》元年、一八六〇）三月に議定書《ぎじょうしょ》を結びました。

そこでは、「今後、大人数の御通行があって多数の人馬が必要になった際には、六七か村が順番に、高一〇〇石につき人足二人、馬二疋ずつの割合で、小金町から触当《ふれあて》がありしだい、遅滞なく実際の人馬を差し出す。もっとも、緊急に人馬を出す必要があるときは、小金町の近くの村で人馬を雇って、御通行に支障がないようにする。その際には、本来人馬を出すべき村から、雇われて代わりに人馬を出す村に対して、馬一疋につき銭《ぜに》五四八文、人足一人につき銭三四八文を雇い賃として支払う」と定められています。

三一ページで述べたように、小金町の定助郷六七か村は二つのグループ（三二か村と三五か村）に分かれて、隔年で助郷役を務めていました。その後天保七年（一八三六）には、大規模通行の際には、休み年の村々も当番の年の半分だけは助郷役を負担することになりました。そして、安政七年の議定書では、さらにもう一歩進んで、大規模通行の際には、休み年の村々も当番年の村々と同一の基準で人馬を出すこととされているのです（通常の通行の際には、従来どおり、当番年の村々だけが人馬を出します）。全村出動体制にしなければ、必要な人馬を揃えられない状況になってきたのです。

また、この議定書では、緊急に人馬を出す必要があるときには小金町近くの村で雇うこととされ、その際の雇い賃の額が定められています。雇替《やといかえ》は以前から小金町東漸寺領名主久左衛門《きゅうざえもん》などを頼んで行なわれていましたが、今回さらに小金町近くの村々の百姓たちを雇う場合の雇い賃を公定することで、雇い賃をめぐるトラブルを防止しようとしているわけです。

そして、大量の人を雇って雇い賃の総額が高額になった場合には、定助郷六七か村で公平に分担して支払うことにしています。大規模通行の際には、非番の村々も、当番年の村々と同様に金銭的負担を引き受ける体制がとられたのです。さらに、議定書では、小金町で雇い賃の計算をする際には、小金町の役人と助郷惣代が金額をよく取り調べることとされ、助郷惣代の手当は一日銀四匁《もんめ》とされています。

・小金町における対応

通行量増加への対応は、助郷村々だけでなく、小金町でも行なわれました。文久元年《ぶんきゅう》（一八六一）一二月に、小金町下組《しもぐみ》（＝下宿《しもじゅく》）の九〇人は議定書を結んで、「毎日、小金町から差し出すべき人馬は現在は人足八人、馬六疋だが、この人馬に支払う手当に充てるため、小金町の全戸から、毎日銭一五文ずつを集める。そして、上り（松戸宿まで）の継立を行なった場合は、馬一疋につき銭一四八文、人足一人につき銭一二四文ずつ、下り（我孫子宿まで）の継立を行なった場合は、馬一疋につき銭二四八文、人足一人につき銭一七二文ずつを渡す。この精算は、毎日行なう」と定めました。

継立によって受け取る賃銭が、物価の高騰もあって、労働の対価としてはますます引き合わないものになったため、小金町の全戸から金を集めて、継立人馬を出した家に渡して、継立の負担の埋め合わせ（賃銭の上乗せ）をしようというわけです。

また、この議定書では、①助郷村々の人馬が小金町に泊まったときの宿泊費のうち、馬一疋につき銭四文、人足一人につき銭二文ずつを、宿屋の者から小金町に差し出し、それを問屋場の経費に充てること、②小金町を通る人馬の継立賃を三割増しに値上げして、その増加分を問屋場の経費や、問屋場で働く下役の給金に充てること、③それでも問屋場の経費が不足する場合は、全戸で公平に出金すること、④問屋場でかかる経費については、毎日、宿役人（組頭）と小前惣代《こまえそうだい》（一般住民の代表）が問屋場に立ち会って取り調べること、なども取り決められています。

宿場や助郷村々の人馬継立を差配する問屋場の仕事量も、交通量の増加にともなって増大し、かかる経費も増えてきます。そこで、①助郷村々の者の宿泊費の一部、②継立賃の値上げ分、③全戸からの出金の三者を、問屋場の経費の助成に充てることにしているのです。そして、小前惣代が立ち会って、毎日問屋場でかかった経費を確認することで、無駄な支出を防ごうというわけです。このように、小金町では、町にかかる負担の増加を、住民が平等に引き受けることによって、何とか乗り切ろうとしていました。

・町・助郷共同での取り決め

このように、助郷村々と小金町では、それぞれに幕末の通行量増加に対応すべく議定書を結びましたが、さらに文久二年（一八六二）四月一六日には、小金町と定助郷村々が共同で議定書を結びました。そこでは、助郷村々の行なう雇替について定められています。

定助郷村々では、一八世紀後半から、請負人を立てて、請負人に人馬の調達を任せるというかたちで、雇替を行なってきました（ただし、契約量を超える分については、助郷村々の村人たちが自ら助郷役を務めています）。定助郷村々から、高一〇〇石につき金四両一分の割合で、毎年請負人に請負費用を支払って、定助郷村々の代わりに請負人に人馬を集めてもらったのです。請負人は、助郷村々の助郷務め高（負担基準高）一〇〇石につき年間九六人・九六疋の人馬を、小金町に差し出すという契約でした。

ところが、幕末に継立人馬の負担量が増加し、諸物価も高騰したため、請負人が利益をあげられず、請負人のなり手が見つからなくなってしまいました。そこで、この議定書では、請負条件（請負人への年間支払額）を以下のように改定しています。

・通常料金
金二七二両三分　従来、通常の通行に際して、人馬の雇い賃として請負人に払っていた額
金　四七両一分　諸物価高騰のための増し金
合計　金三二〇両

・臨時料金
金　六七両三分二朱《しゅ》　近年、臨時の人馬の雇い賃として毎年払ってきた額
金　二六両三分　近年の諸物価高騰と通行量増加のための増し金
金　　七両三分　水戸徳川家の家老の通行があったときの増し金
金　一五両　閏月《うるうづき》のある年に支払う増し金

定助郷村々は、小金町と協議のうえで、請負条件をこのように改定しています。各項目のうち、通常の人馬雇い賃二七二両三分と、臨時の人馬雇い賃六七両三分二朱が、この間毎年請負人に支払ってきた金額です。臨時の人馬雇い賃も、幕末にはほぼ恒常化しているのです。今回、それに加えて、通常料金に四七両一分、臨時料金に二六両三分をそれぞれ上乗せし、さらに水戸藩家老の通行

があったときや、閏月のある年には追加料金を支払うとしています。

議定書では、さらに次の点も定められています。

①大名の参勤交代などの大規模通行の際には、小金町からの割当に応じて、助郷村々から実際に人馬を出す。もっとも、緊急に人馬が必要なときは、小金町の近くの村々に人馬を割り当てる。近くの村から出た人馬に支払う賃金は、一人につき銭三六四文、一疋につき銭四六四文とする。

②請負人に支払う請負費用は、春期分を前年一二月二〇日、夏期分を三月二〇日、秋期分を六月五日、冬期分を一一月二〇日と年四度に分けて、助郷村々から前払いする。水戸藩家老の通行があったときの増し金は、毎年一二月に支払う。

③この請負契約の有効期間は、文久二年四月一六日から文久三年一二月末までとする。再来年以降、請負希望者が現れない場合は、そのときに対応を協議する。

この議定書では、通常の通行時のみならず、臨時の通行があった際にも、請負人が人馬を出すことになっています。しかし、参勤交代などのもっとも大規模な通行の際には、それでも足りないため、助郷村々からも実際に人馬を出すこととされているのです（上記の取り決め内容の①）。

また、緊急の場合に、小金町に近い村々から人馬を出すということは、安政七年三月の定助郷村々の議定書でも定められていました（六一ページ）。ただし、近くの村々から出た人馬に支払う賃金（雇い賃）の額は、安政七年の議定書と文久二年の議定書では若干異なっており、人足については文久二年のほうが高く、反対に馬については安政七年のほうが高くなっています。

このように、幕末には、定助郷村々と小金町のそれぞれにおいて、また定助郷村々と小金町が共同で議定書を結んで、効率的な人馬継立の方法を模索することによって、増大する伝馬役負担に何とか対応しようとしていたのです。

3　一つの村から助郷役をみる──幸谷村の場合

・請負契約を結ぶ

今度は、小金町の助郷について、定助郷を務めた村々のうちから一つの村を取り上げて、具体的にみてみましょう（以下の記述は、渡辺尚志『殿様が三人いた村』によります）。取り上げるのは、小金町から二町《ちょう》（約二一八メートル）ほど離れたところにある下総国葛飾郡幸谷村《こうやむら》です。幸谷村の村高（村全体の石高）は約五一二石でしたが、助郷務め高（助郷役賦課の基準となる石高）はその一部の四三六石でした。助郷役は村高ではなく、助郷務め高を基準に賦課されたのです。その分、村高全体にかかるよりも負担は少し軽くなりました。

それでも、助郷役を務める村人たちにとって、農繁期などに、助郷のために時間と手間をとられるのは苦痛でした。助郷役を務めるために小金町に出向いている間は、農作業ができないからです。幸谷村では、宝暦《ほうれき》一〇年（一七六〇）の一年間に、馬三八一疋、人足（労働者）二六二人を負担しています。総じて一八世紀後半には、一年間に助郷務め高一〇〇石当たり馬一〇〇～一五〇疋、人足九〇～一四〇人前後の負担が定助郷《じょうすけごう》村々にかかっていました。

江戸時代も時期が下るにつれて、街道の通行量は増え、百姓たちの負担はますます重くなっていきました。そこで、百姓たちは、金銭を支払って、助郷の仕事を代行してもらうようになりました。こうした事情は、幸谷村以外の助郷村々においても同様でした。人馬の雇用は、遅くとも一八世紀後半には始まっています。

村々において代行の需要が増加すると、代行を請け負う者が現われ、助郷村との間で代行契約を結ぶようになります。この契約は、助郷村々が全体でまとまって、小金町東漸寺領《とうぜんじりょう》名主（染谷《そめや》）久《きゅう》左衛門《ざえもん》と結びました。小金町にある東漸寺という寺院が、小金町の一部（三五石）を領地にしており、そこには独自に名主が置かれていたのです。そして、助郷村々が毎年助郷務め高一〇〇石につき金四両一分ずつの割合で出金して、それを久左衛門に渡し、久左衛門はその金で人馬を雇って助郷役を代行したのです。

ただし、助郷役の代行を請け負ったのは、久左衛門だけではありません。文化八年（一八一一）までは、幸谷村はほかの助郷村々と共同で、請負人と助郷役の代行契約を結んでいましたが、同年暮れに助郷村々の代表が集まった際、以後幸谷村は単独で助郷の請負契約（代行契約）を結ぶことになりました（なぜそうなったかはわかりません）。

そこで、幸谷村の名主武左衛門《ぶざえもん》は小金町側と交渉して、文化九年二月に、上組《かみぐみ》（上町）の喜平《きへい》・四郎左衛門《しろうざえもん》ら五人に、小金町の上組に対して務める助郷役についての請負人になってもらいました（助郷役は、毎月、上組・下組のそれぞれに対して半分ずつ務めます）。その後、請負人は上組組頭の山三郎に代わりました。また、小金町の下組（下町）に対して務める助郷役は、下組の平蔵が幸谷村に土地を所持しているという縁によって、彼に請負ってもらいました。

平蔵の請負について、さらに具体的にみてみましょう。文化一〇年一二月に、平蔵と幸谷村の名主たちとの間で請負契約が結ばれましたが、その内容は次のようなものでした。

①幸谷村の助郷務め高四三六石から、小金町の住民が幸谷村で所持している高約一〇二石を引いた残りの高約三三四石に対して割り当てられる人馬を、幸谷村に代わって平蔵が小金町に差し出す。

②幸谷村から平蔵に渡す雇賃金《やといちんぎん》（人馬雇用の請負料、助郷役の代行料）は、一年間で高一〇〇石につき金四両一分の割合で計算する。

③契約期間は文化一一年一月から三月までの三か月間とする。

④以上は通常時の場合で、大名の通行など多くの人馬が必要になるときは、幸谷村の百姓たちが自ら人馬を出す。もっとも、その際も人馬を雇いたいときは、前日までに別料金の雇賃金を平蔵に支払う。その金額は、馬一疋につき銭一一六文、人足一人につき銭八八文とする。

⑤文化一一年四月以降も契約を続けたい場合は、前記の基準で、三月一八日、六月二日、一一月一八日に、それぞれ三か月分の雇賃金を前払いで支払う。

以上が、契約内容の骨子です。①について補足しておきましょう。小金町の住民たちは、小金町の領域内だけでなく、近隣の多くの村々にも耕地を所持していましたが、幸谷村の耕地もかなり所持していたのです。小金町の住民が所持する耕地に課される助郷役については、幸谷村の人々が負担する義務はないので（小金町の住民が負担します）、幸谷村ではその分を除いた残りの助郷務め高に課される助郷役についてだけ、平蔵に請負を依頼しているのです。

幸谷村の村人たちは、こうした契約によって、平蔵に雇賃金を支払うことで、自身が助郷役務めに出向く必要がなくなります。一方、平蔵は幸谷村から受け取った雇賃金で人馬を雇い、助郷の仕事を代行します。幸谷村の百姓のように、農作業が忙しくて助郷に出られない者がいる一方で、小金町周辺には日雇いなどの雇用労働で現金収入を得て暮らしている人たちもいました。平蔵は、そうした人たちを雇ったのです。幸谷村から受け取った雇賃金と、平蔵が雇った者に支払う賃金との差額が平蔵の収入になりました。

江戸時代には、こうした業務の代行と請負が多くの場面でみられ、請負業がビジネスとして成り立つようになっていました。今日でも金で時間を買いたいという人は多く、家事代行をはじめ代行ビジネスが隆盛していますが、江戸時代後期にも似たような現象がみられたのです。

幸谷村と平蔵は、文化九年一月と文化一二年一二月にもほぼ同内容の契約を結びました。なお、文化一二年一二月に、幸谷村の名主たちは、小金町上町（上組）の藤右衛門《とうえもん》とも、平蔵とまったく同内容の契約を結んでいます。また、このとき小金町の次右衛門《じえもん》とも契約しています。合わせて三人の請負人に業務委託したわけです。次右衛門の場合は、文化一三年一月一日から四年間の契約となっています。こうした請負契約は、ほかの年にも結ばれています。

先述のように、助郷役は幸谷村の村高全体ではなく、そのうちの四三六石を基準に割り当てられてきましたが、その後、いつからか村高五一四石を基準に賦課されるようになりました。一〇〇石当たり何人・何疋というかたちで人馬が賦課されるので、基準となる石高が増えればそれだけ負担は増加します。そこで、天保五年（一八三四）に、幸谷村名主の武左衛門が小金町と掛け合って、以後は四三六石を基準に割り当てることを確認しています。元に戻ったわけです。ちなみに、このころは、人馬は小金町の笹屋又右衛門《ささやまたえもん》・三浦屋伊左衛門《いざえもん》方などで雇っていました。

天保一四年（一八四三）に、一二代将軍徳川家慶《いえよし》が日光東照宮に参詣しましたが、このとき付き従う諸大名が小金町を通行した際の人馬は、小金町東漸寺領名主の久左衛門が請け負いました。幸谷村の村人たちは、久左衛門に払う雇賃金を、各自の所持地の石高に応じて負担しています。

嘉永三年（一八五〇）には、幸谷村の助郷負担金を四度に分けて、小金町の上町（上組）・下町（下組）に半分ずつ渡しています。この金で、人馬を雇ってもらうのです。慶応三年(一八六七)七月から翌年六月までは、小金町の喜兵衛《きへえ》が請負人になっています。このように、幸谷村では、一八世紀後半以降、一貫して人馬の請負を活用することで、百姓たちの実働負担の軽減に努めていたのです。

第五章　小金町と農業

1　あちこちにある小金町の領域

・小金町に属する土地

前章まで、小金町の宿場としてのありようについて述べてきました。一転して、本章では、小金町の別の顔、すなわち農業集落としての側面に光を当てようと思います。まず、小金町の領域の位置と規模をみてみましょう。

一八世紀における、小金町の耕地・屋敷地（宅地）の面積・石高は以下のとおりです。まず、小金町の基幹部分の石高は六四八石九斗《と》八升《しょう》二合《ごう》です。この高は、寛永《かんえい》六年（一六二九）の検地《けんち》（土地の調査）で確定しました。このうち、上町（上組）分が三二二石五升五合七勺、下町（下組）分が三二六石九斗二升六合三勺です。

土地の種別ごとの面積をみると、町屋敷《まちやしき》（宿場を中心とした宅地部分）が一〇町《ちょう》二畝《せ》五歩《ぶ》、畑が八町五反《たん》八畝一五歩ありました。町屋敷のうち、上町が四町七反六畝五歩、下町が五町二反六畝です。町屋敷にも年貢がかかりました。

田は七七町八反九畝二七歩で、その石高は五〇三石七斗三升でした（数値は時期によって若干異なります)。このうち、上町分が四〇町九反八畝一九歩、下町分が三六町九反一畝八歩でした。田畑は宿場の町並みの周辺にもありましたが、それだけでなく、町並みからは少し離れた下谷《したや》(江戸川に近い低地)にも、飛び地のかたちでかなりの田畑がありました。江戸時代の初めに、小金町の人々が少しでも耕地を増やそうと、下谷の未開地を積極的に開発(開墾)していったのです。

下谷の「沼分《ぬまぶん》」(字《あざ》細沼、字は村内の小地名)と呼ばれる地域では、寛永年間(一六二四〜一六四四)にはすでに開発が進んでおり、延宝《えんぽう》元年(一六七三)には田八町二畝、畑四反六畝二一歩の耕地が開発されていました。小金町の人々は、「沼分」のほかにも、下谷において広大な新田《しんでん》(江戸時代に新たに開発された田畑)の飛び地を所持していました。

図4は、下谷にある小金町の領域を示したものです。Fの部分が細沼です。このように、下谷では、各村の耕地が複雑に入り組んでいました。江戸時代の初期に、当時は広大な未開地だった下谷に人々が先を争うように耕地を開発したため、多くの新しい村や、旧来からある村の飛び地が生まれたのです。そのなかでも、小金町の飛び地はひときわ大きいものでした。

以上が、小金町の耕地・屋敷地の基幹部分です。基幹部分といっても、一か所にまとまっていたわけではなく、宿場と下谷の各地に分散していました。ただし、小金町の領域は、これだけではありませんでした。水戸道中が小金町の上町からほぼ直角に曲がったあたりにも家並みが続いており、そこを小金横町《こがねよこちょう》といいました(ここも幕府領です)。そして、小金横町には、石高で四五石八斗七升(この数値は寛永六年の検地で確定)、面積で七町六反九畝二六歩の土地がありました。

また、宿場の町並みから離れた小金原《こがねはら》には、一七世紀後半に開発された高七二三石六升六合の新

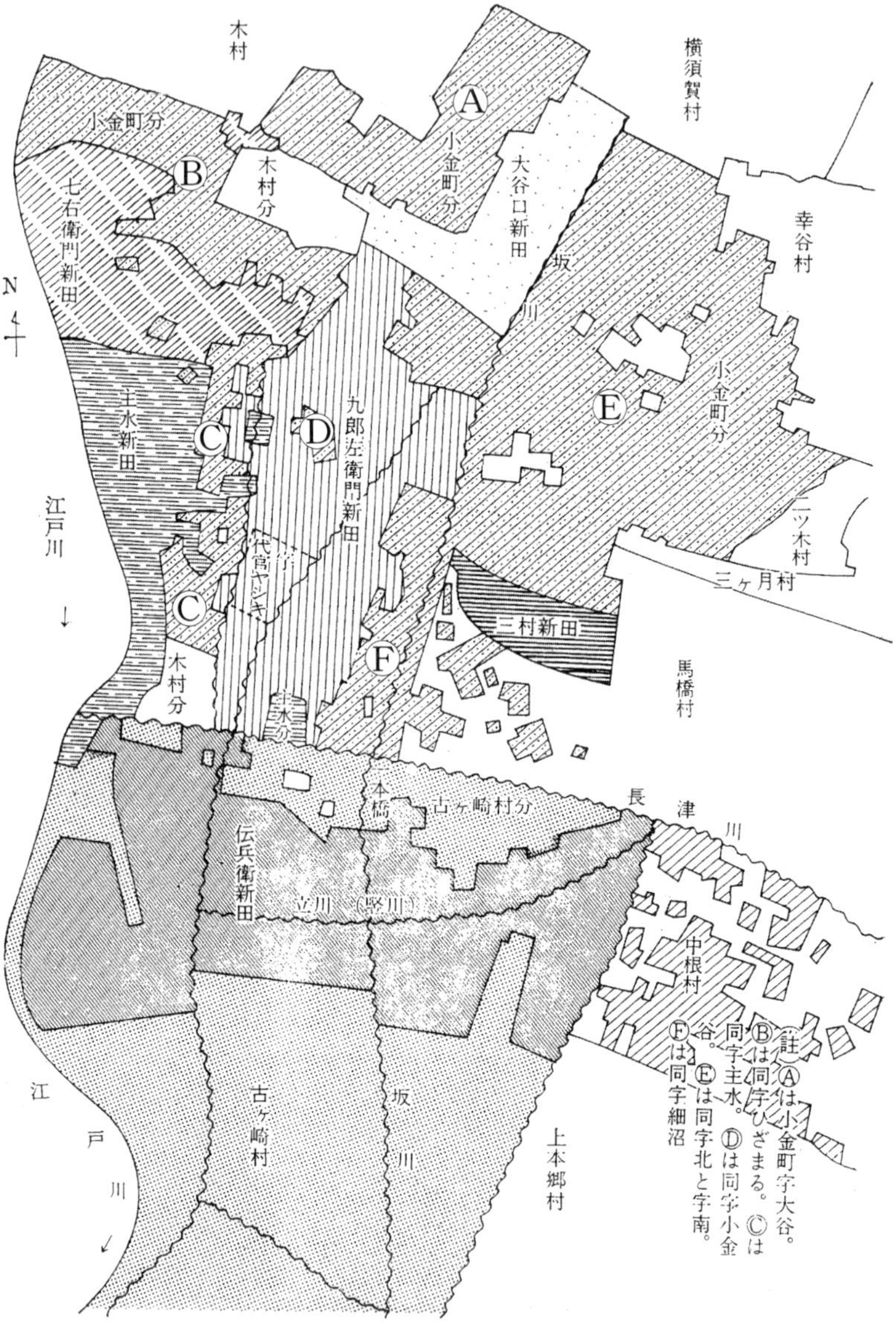

図4　江戸川低湿地地帯に展開する小金町下谷耕地と各新田村
（明治期の公図による概略図）

『松戸市史　中巻　近世編』所収の図を一部改変

田（小金原新田とか原新田《はらしんでん》といいます）がありました。小金原新田も幕府領で、石高では小金町の基幹部分を上回っており、そこは屋敷地と畑地からなっていました。

さらに、一八世紀前半に開発された、石高五五石三斗三升一合、面積一町五反七畝一五歩の小金町《こがねまち》新田《しんでん》もあり（幕府領）、ここは東漸寺の所持地になっていました。以上の、小金町基幹部分・小金横町・小金原新田・小金町新田を合わせた石高一四二三石二斗四升九合が小金町の石高とされました。石高は史料によって異同があり、一四七〇石台とされることもあります。

小金町にある東漸寺（浄土宗）は、幕府から三五石の領地を与えられていました。寺領は寺の門前や、小金町に近接する上総内村《かずさうちむら》や幸谷村にあり、門前には一〇戸ほどの百姓が住んでいました。名主も置かれました。小金町の町並みの中央部の一角が、東漸寺の所領になっていたのです。

以上のほかにも、小金町の領域がありました。その一つが、石高二五石五斗二升三合、面積一二町三畝三歩の小金上町新田（幕府領、現柏市）です。小金上町新田は、一八世紀前半に、小金上町の百姓たちが開発しました。小金上町新田には田はなく、畑と屋敷地のみで、そのうち九〇パーセント近くが林畑《はやしばた》、約一〇パーセントが下々畑《げげばた》でした。林畑は実際には林であり、下々畑は地味の悪い畑です。明治二年(一八六九)には、戸数二戸、人数九人でした。

さらに、石高五一石八斗四升、面積一〇町三反一畝二四歩の小金西新田《こがねにししんでん》（水戸藩の支配地）、石高六石五斗九升二合の小西新田《こにししんでん》（幕府領）も、小金町本体とは離れた飛び地ですが、小金町の領域といってよい土地でした（いずれも現松戸市）。小金西新田は一七世紀後半に開発され、そこには水戸藩の鷹場《たかば》役所（後述）が置かれており、畑のほかに民家もありました。小西新田は林畑のみで、民家はありませんでした。

以上が、広義の小金町の領域になります。宿場の町並み部分だけでなく、あちこちの飛び地も含めた全体が小金町の領域であり、面積的には耕地のほうが町並み部分よりも圧倒的に多かったのです。

また、小金町下町の人々は、古ケ崎《こがさき》村の領域内に石高五七石二斗四升三合三勺《しゃく》の土地を所持していました。ほかにも、あちこちの村に小金町の人々の所持地がありました。他村の領域内の土地も、手広く入手していたのです。幸谷村の事例については先述したとおりです(六九ページ)。小金町の人々にとっては、小金町や他村に所持する耕地からの収穫が、重要な収入源になっていました。

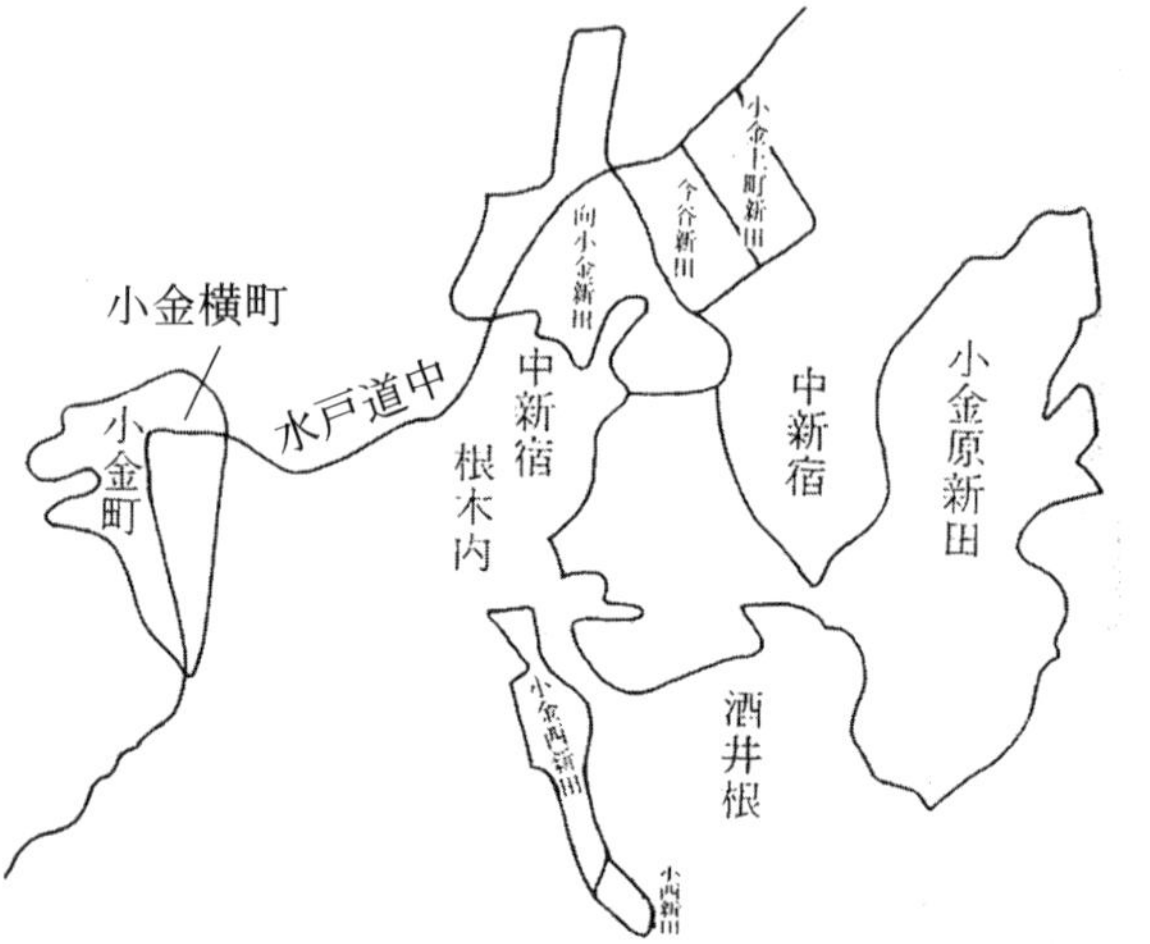

図5　小金町の各領域位置図
『松戸市史　中巻　近世編』
所収の図を一部改変

以上の説明は込み入っていますので、以下に小金町の領域の土地（田畑・屋敷地）を整理しておきましょう。それらの位置関係については、図5をご覧ください。

小金町基幹部分　　石高六四八石九斗八升二合

うち上町分　　三二二石五升五合七勺

下町分	三二六石九斗二升六合三勺
小金横町	四五石八斗七升
小金原新田	七二三石　六升六合
小金町新田（東漸寺所持）	五石三斗三升一合
小金上町新田	二五石五斗二升三合
小金西新田	五一石八斗四升
小西新田	六石五斗九升二合
東漸寺領	三五石

このように、小金町の人々は、江戸時代の間に、小金町の町並みから離れたあちらこちらに、飛び地のかたちで領域を拡大していきました。少しでも耕地を拡大し、収穫を増やして、暮らしを豊かにしようとしたのです。また、古ケ崎村などほかの村の耕地を取得するというかたちでも、所持地を増やしていきました。各所に散在する小金町の領域は、小金町の人々の旺盛な開発意欲の表れなのです。

しかし、小金町の人々が所持する耕地のなかには、水害に遭いやすい土地や、生産力の低い土地、実際は林のままの土地などもあり、そうした土地からは必ずしも十分な収穫が得られたわけではありません。

2　農業を維持する苦労

・道路工事をめぐる他村との対立

小金町の領域の耕地は下谷（江戸川に近い低地）にもかなりありました。そして、下谷において、小金町の耕地と、馬橋《まばし》村・古ケ崎村・伝兵衛新田《でんべえしんでん》の耕地は互いに近接していました（七四ページ図4参照）。下谷にある耕地は水害に遭いやすいので、村々は堤防を築いて、耕地を水害から守っていました。その堤防をめぐっては、次に述べるような対立が起こっています。

宝暦《ほうれき》元年（一七五一）秋の出水で、小金町の領域内にある長津堤《ながつつみ》の作場道《さくばみち》（長津堤という長津川の堤防の上を通っている農道）が崩れてしまいました。そこで、宝暦二年二月九日に、小金町の百姓たちが作場道の修復工事に出向いたところ、知らぬ間に古ケ崎村と伝兵衛新田の百姓たちが既に工事を行なっていました。

しかし、その工事によって堤に高低差ができたため、今後の出水の際には小金町の田が水に浸かってしまう危険が生じました。古ケ崎村と伝兵衛新田が、自分たちの村の耕地を水害から守る堤防だけを高くしたため、堤防の高さが場所によって不均等になったうえ、小金町の耕地を守る堤防は相対的に低くなり、小金町の耕地が水害に遭う危険が高まってしまったというわけです。小金町ではそうした工事の仕方に納得できず、小金町の者たちで工事をし直しました。

それに対して、古ケ崎村と伝兵衛新田は、水戸藩の西新田《にししんでん》役所に訴え出ました。下谷一帯は水戸藩の鷹場《たかば》（藩主が鷹狩《たかがり》（飼いならした鷹を使って行なう狩猟）をする場所）になっており、鷹場を管理する水戸藩の役所（鷹場役所）が小金西新田（西新田）に置かれていたのです。ちなみに、小金西新田は小金町の百姓たちが開発した土地でした。

古ケ崎村と伝兵衛新田の訴えは、「両村（古ケ崎村と伝兵衛新田）の横手堤《よこてづつみ》の上を通る御成道《おなりみち》（水戸藩主が鷹狩の際に通る道）が、宝暦元年の増水で崩れてしまったので、西新田役所の指示を受けて、宝暦二年二月八日に私ども二か村の人足で修復しました。すると、二月九日に、小金町と馬橋村の者たちが、私どもが修復した場所を掘り崩してしまったのです」というものでした。

古ケ崎村と伝兵衛新田の側では、小金町の勝手な修復工事によって、水戸藩主の鷹狩に支障が出ると主張したわけです。水戸藩を後ろ盾にして、自分たちの主張を通そうという戦略です。なお、両村は、小金町が長津堤と呼んでいる場所を、両村の領域内の横手堤だと言っています。自村の領域内の堤を修復しただけであり、それを小金町に手出しされる筋合いはないというわけです。

両村の訴えを受けて、西新田役所では放置しておけず、二月一三日に小金町の役人たちを呼び出して、「どうして、そのようなことをしたのか。横手堤が御成道であることを知らなかったのか。小金町の者たちによる道の掘り崩しは、小金町の役人たちの指示によるものなのか」と問いただしました。

そこで、二月一四日に、小金町の組頭五人は西新田役所に、次のように回答しました。

古ケ崎村と伝兵衛新田の側で横手堤と言っている堤防は、実際には小金町の領域内にある長津堤です。堤の上を通る御成道が崩れたときは、小金町で道普請《みちぶしん》（道路の修復工事）を行なってきました。今回のように、古ケ崎村と伝兵衛新田の者たちが、小金町の領域内に勝手に立ち入って工事をするなど、あってはならないことです。両村の者たちは、御成道を大切に思って道普請をしたようには思えません。両村は、自分たちの耕地を増水から守るためという自分勝手な理由で道普請をしたのです。

両村の行なった工事によって堤に高低差ができたため、御成道に支障が出るのはもちろん、小金町の耕地にも支障が出るため、小金町の者たちで高低差を均したのです。それによって、御成道にも小金町の耕地にとっても都合がよくなりました。もし、西新田役所の御役人様が見分なさって問題の箇所があれば、小金町のほうでいかようにも御成道の修復をいたします。

私どもは、そこが御成道だということは存じており、むしろ御成道のために高低差を均したのです。二月九日に小金町の百姓たちが道普請に行ったところ、いつの間にか高低差ができているとの報告を受けたので、私ども（小金町の組頭たち）も出向いて普請をいたしました。問題になっている場所は小金町の領域内であり、ほかの村が手出しする理由はありません。御成道の普請が必要なときは、どうか小金町に普請をお命じください。

・小金町が西新田役所に抵抗する

以上の小金町の回答を受けて、二月一五、一六両日に、小金町の組頭が西新田役所に呼ばれました。そこで、西新田役所の役人（彼らは水戸藩士です）から、「たとえ問題の場所が小金町の領域内であったとしても、水戸家の鷹場内において、西新田役所に断りもなしに普請を行なうとは不届きである。弁明を聞かせよ」と言われました。

それに対して、小金町の組頭たちは、「小金町の田は水害に遭いやすい立地にあるので、増水によって堤防が傷んだ箇所は、これまでどこにも届け出ることなく、自分たちで普請を行なってきました」と答えました。

すると、西新田役所の役人は、「たとえ、これまではそうだったとしても、西新田役所に無届けで御成道の普請をするというのは、たいへん不調法《ぶちょうほう》なやり方である。そのままには差し置かぬぞ」と脅しました。そこで、処罰を受けてはたまらないと思った小金町の組頭たちは、小金町にある清《せい》蔵院《ぞういん》という寺の住職にとりなしてくれるよう頼みました。住職は依頼に応えて、二月一七日からたびたび西新田役所に行って、組頭たちに対する寛大な措置を願い出ました。

二月二六日には、西新田役所の役人が現地に見分にやってきました。小金町の組頭と古ケ崎村・伝兵衛新田の名主・組頭が立ち会って見分が行なわれ、見分の終了後に、小金町の組頭六人は西新田役所に書付《かきつけ》（書面）を差し出しました。その書付には「本日、西新田役所の御役人様を長津堤に御案内しました。長津堤の北側は、小金町の領域内です。南側は、古ケ崎村の領域ですが、そこの土地は小金町の者の所持地になっています。すなわち、長津堤の南北両側とも、小金町の者が古来より所持しているのです。この長津堤を、古ケ崎村と伝兵衛新田の者たちは横手堤だと偽りを言っています。横手堤は、実際は別の場所にあります」と記されていました。

つまり、正確にいえば、小金町の領域は堤の北側だけで、南側は古ケ崎村の領域なのですが、その耕地も以前から小金町の人々が所持しているため、小金町の領域に準じる土地だというわけです。したがって、堤の修復は当然小金町で行なうべきだという主張です。

その後、三月七日になって、ようやく清蔵院住職の訴えが功を奏して、小金町の組頭たちは御咎《とが》めなしということになりました。ただし、無条件で赦されたわけではなく、以後のために西新田役所に証文を差し出すように言われました。そして、ご丁寧に、西新田役所からは証文の文案が示されましたが、それは次のようなものでした。

差し上げ申す証文のこと

古ケ崎村と伝兵衛新田の者たちが横手堤の御成道の道普請をしたところ、小金町と馬橋村の者たちがそこを掘り崩すという不調法をしてしまいました。そこで、小金町の清蔵院の住職に御赦免《ごしゃめん》を願ってもらったところ、御赦しくださり有り難き仕合せに存じます。

横手堤を掘り崩した場所は元通りに直すよう仰せつけられ、承知いたしました。今後は、こうした不届き・不調法のないよう、小金町の者たちがしっかり申し合わせます。後日のため、以上の旨を記した証文を差し出します。

これは、一方的に古ケ崎村と伝兵衛新田の主張を認める内容になっています。小金町の百姓たちは、この文案にはとうてい納得できませんでした。こんな証文を差し出しては、これから先、長津堤の普請を古ケ崎村と伝兵衛新田のほうで行なうことになり、それでは小金町の耕地が水害で荒れ果ててしまい、百姓たちの暮らしが成り立たないというのです。そこで、組頭たちは、違う内容の証文を提出したいと西新田役所に願い出ました。おそらく、もっと小金町の主張を盛り込んだ文面にしようとしたのでしょう。

しかし、西新田役所側は、あくまで自らが示した文案どおりの証文を差し出すよう迫り、差し出すまでは組頭たちが小金町に帰ることを許しませんでした。そのため、組頭たちは、三月一二日から一五日まで小金西新田に足止めされてしまいました。それでも、組頭たちは屈することなく、三月一六日にも、あくまで問題の場所は小金町の領域内の長津堤であり、そこの道普請は小金町で行ないたいと主張しています。

・融通をきかせた解決

その後、三月二三日に、小金町の組頭全員から西新田役所に証文が差し出されましたが、そこでは前回示された文案とは微妙に文面が変わっていました。今度の証文は、次のような内容でした。

差し上げ申す証文のこと

長津堤の御成道を、古ケ崎村と伝兵衛新田の者たちが、西新田役所の指示を受けて普請したところ、小金町の者たちがそこを掘り崩してしまいました。それについて西新田役所から咎められ、一言の言い訳もできません。そこで、小金町の清蔵院の住職に御赦免を願ってもらったところ、御赦しくださり有り難き仕合せに存じます。今後はこうした不届きをしないよう仰せつけられ、かしこまりました。村中《むらじゅう》（小金町全体）でしっかり申し合わせて、不届き・不調法がないようにいたします。

この証文の文面では、前の文案で横手堤となっていたところが、長津堤になっています。小金町の主張が取り入れられているのです。また、前の文案にあった、堤を元通りに直す（古ケ崎村などが行なった工事のかたちに戻す）という文言が消えています。このように、今回の文面は、小金町でも受け入れられる内容に変わっているのです。そこで、小金町側も納得して、この証文を差し出したのでした。

翌三月二四日には、小金町の組頭の佐兵衛《さへえ》と源五兵衛《げんごべえ》が西新田役所に呼ばれました。そこで、西新田役所の役人から、「長津堤の普請をやり直せ」と命じられました。佐兵衛らは、「堤を古ケ崎村と伝兵衛新田の者がやったように築き直しては、小金町の者どもが難儀します」と答えました。

すると、西新田役所の役人は、「役所の決まりだから、このように言っているのだ。実際には、小金町の百姓たちが好きなように、一回でも二回でも鍬《くわ》を入れさえすればよい。どのようなかたちであれ、西新田役所の申し渡しを受けて普請をすれば、それで事が済むのだ」と言うのです。

つまり、西新田役所の側では、これまで小金町に対して普請のやり直しを命じてきたのだから、小金町の百姓たちに抵抗されたからといって、今さら態度を変えるわけにはいかないということです。「武士に二言《にごん》はない」というわけです。武士のメンツにかけても、百姓に言われて意見を変えることはできないのです。

しかし、それでは事態は解決しません。そこで、西新田役所の役人は、形だけでいいから堤防に手を加えよと言っているのです。そうすれば、武士の面目《めんぼく》は立ちます。一方、形だけの手直しですから、実質的には、堤は小金町の人々が普請し直したままです。表面上は武士のメンツを保持しつつ、実際は小金町の人々の主張が認められているのです。形式と実態の折り合いを、うまくつけているわけです。

こうした西新田役所の役人の言葉を聞いた小金町の佐兵衛らは、「ありがたき幸せで、御礼の申し上げようもございません」と感謝しています。これは、とても気の利《き》いた解決法だといえるでしょう。ここに、武士も含めた江戸時代の人々の柔軟な考え方がみてとれます。

早速、翌三月二五日には、小金町と馬橋村の百姓たちが長津堤に出向き、西新田役所の役人立会のもとで、百姓たちの思いどおりの作業をしました。形だけ、堤防に手を加えたのでしょう。それでも、一応、西新田役所の言いつけどおり普請はしたということになります。この一件は、これにてめでたく解決したのでした。

・伝馬役だけではない小金町の負担

天明《てんめい》四年（一七八四）一〇月に、小金町の組頭（年寄）四人と、百姓たちの代表一四人が、小金町を管轄する幕府代官宮村孫左衛門《みやむらまござえもん》の役所に、次のような願書を差し出しています。

恐れながら書付をもって願い上げたてまつります

小金町の田は、江戸川に近い場所に、流山《ながれやま》村など九か村の田と入り交じって存在しています。

そこは低地のため、連年の水害に遭って、収穫が皆無同然のありさまです。昨天明三年六月にも水害に遭いましたが、百姓たちは被災地を再開発する余力がなく、いよいよ困窮しています。

そこで、今年（天明四年）から、小金牧《こがねまき》の馬を捕らえたり、牧の周囲の土手を修復したりする役目を免除してくださるよう願い上げます。

牧関係の人足《にんそく》は、牧に近い一八か村の者が務めており、各村からは高一〇〇石につき三人の割合で人足を出しています。ところが、小金町だけは高一〇〇石につき七人以上の割合で人足が割り当てられ、毎回四八人の人足を出しています。

しかるに、前述した連年の水害の影響で、今は生活困難な家や女性が当主の家（男性の当主が不在）が五〇戸余りあり、そうした家々の負担を軽減するために、残りの百姓家で水戸道中の伝馬役や水戸家の鷹場に関わる役目などを務めている状況です。日々そうした役務《やくつと》めに追われて、百姓たちはたいへん難儀しています。

小金牧の馬を捕らえたり、牧の周囲の土手を修復したりするために、小金町から人足を出すときには、そのぶん小金町で伝馬役を務められる者が減るので、代わりに助郷村々に継立の人馬を割り当てます。しかし、助郷村々では自分たちも牧関係の御用に人足を出しているからと言って、小金町に人馬を派遣してくれません。そのため、御武家様方の荷物を運びきれず、小金町の問屋場に荷物が滞留してしまうことが何度もありました。そこで、今後は小金町が負担する牧関係の役を軽減してくださるようお願いいたします。

天明四年は、全国的に凶作・飢饉《ききん》が発生した年でした。天明の大飢饉です。また、小金町の耕地の多くは江戸川沿いの低湿地にあったため、水害による作物の被害も深刻でした。そうしたなかで、小金町の百姓たちには、水戸道中の伝馬役に加えて、小金牧や水戸藩の鷹場に関わる人足の負担が重くのしかかっていたのです。そこで、小金町の百姓たちは、牧関係の負担の軽減を実現し、それによって伝馬役務めを安定的に維持したいと願っているわけです。この願いが聞き届けられたかどうかは残念ながら不明ですが、この文書からは小金町の百姓たちに過重な負担が課されていたことがわかります。

・小金上町新田を譲渡する

小金上町新田は、小金町の上町（上組）の百姓たちが、一八世紀前半に開拓してつくった新田（新しくできた耕地）です。小金上町新田の全体が小金町の領域の一部（飛び地）だったのです（七六ページ図5）。ただし、そこの耕地は、小金上町の者だけでなく、近隣にある根木内《ねぎうち》村・中新宿《なかしんじゅく》村・名戸ケ谷《などがや》村・今谷新田《いまやしんでん》の四か村の百姓たちもその一部を所持していました。ところが、寛政《かんせい》二年（一七九〇）以降、根木内・中新宿・名戸ケ谷三か村の百姓たちは、所持地にかかる年貢を滞納するようになりました。小金上町がそれを領主（幕府代官所）に訴えたところ、三か村の百姓たちは、それなら所持地を小金上町に返すと言ってきました。小金上町の者たちは、それでは三か村の百姓たちが納めていた年貢を今度は自分たちが納めなければならなくなり、それは困るということで、土地の返却を認めません。そのため、小金上町と三か村との間で訴訟になりました。

そこへ近隣村の名主が仲裁に入って、「今谷新田の長兵衛《ちょうべえ》が、小金上町新田を全部譲り受けたいと希望している。そこで、上町新田を長兵衛に譲ってはどうか」と提案してきました。小金上町の者たちがこの提案に賛同したので、小金上町新田の土地は丸ごと長兵衛に譲渡されることになりました。ただし、小金上町の者たちのなかで、以後も小金上町新田の土地を所持し続けたい者は、そのまま所持し続けることができました。このようなかたちで、小金上町と三か村との訴訟は、和解によって解決したのです。

一般的に言って、新田の耕地は開拓してから日が浅いために生産力が低く、十分な収穫をあげられないことが多かったのです。それでも年貢は納めなければならなかったので、新田の耕地を所持する百姓たちの経営は楽ではありませんでした。現実はなかなか厳しいものでした。

おそらく、小金上町新田の場合も、そうした厳しい状況があったのでしょう。そこで、根木内・中新宿・名戸ケ谷三か村の百姓たちは年貢を滞納してしまい、さらには土地を小金上町に返して、小金上町新田から撤退しようとしました。しかし、小金上町の側では、そのような維持が困難な土地を返されても困ります。そのため、土地を返す、引き取れないで訴訟になったわけです。そして、小金上町新田の土地全部を今谷新田の長兵衛に譲渡するということで決着したのです。以後、小金上町新田に賦課される年貢はすべて長兵衛が責任をもって納めることになり、小金上町と三か村との対立は解消されました。ただし、小金上町新田のその後については、史料の不足により残念ながらよくわかりません。

エピローグ

ここまで、江戸時代の小金町と周辺村々について述べてきました。江戸時代は全国的に交通網が整備され、人々が安全に旅をすることができるようになった時代でした。そして、人々の旅を支えたのが、宿場と助郷村々による人馬の継立でした。したがって、旅人にとっては、宿場と助郷村々は無くてはならない有り難い存在でしたが、宿場と助郷村々の側からすると継立業務が大きな負担になりました。

公用で通る武士とその荷物の継立は、宿場と助郷村々にとっては義務であり、仕事に見合う報酬は期待できませんでした。特に、助郷村々にすれば、旅行者から受ける恩恵はほとんどありません。そこに、江戸時代の交通制度の根本的矛盾がありました。しかし、伝馬役は幕府が定めた義務である以上、いやでも務めなければなりません。そこで、小金町も助郷村々もともに、いかに負担を軽減し、効率的・合理的に継立を行なうかに知恵を絞りました。

小金町では、助郷村々に応分の負担を求めるとともに、小金町で務める伝馬役や問屋業務を町の住民全体で支える体制を整えました。助郷村々の側は、小金町と交渉して、負担を適正範囲に抑えるとともに、代表が問屋場に立ち会うなどして継立業務の透明化を図りました。また、雇替を活用して、助郷役の外注化・外部委託による負担軽減を図りました。助郷村々の間で話し合って、負担を分かち合うための議定書を結ぶこともありました。

さらに、小金町と助郷村々が共同して助郷役を負担する村の範囲拡大を求めたりしました。そうしたさまざまなやり方によって、小金町と助郷村々の人々は、自らの暮らしを守りつつ、街道の交通と物流を支えていたのです。伝馬役負担がもつ根本的矛盾は、江戸幕府が倒れるまでなくなりませんでした。そのため、小金町と助郷村々、また助郷村々同士は、ときには対立することがありました。しかし、そのたびに対立を乗り越えて、新たな協力と共同の関係を築いていったのです。

小金町については宿場の部分が注目されがちですが、小金町は一面で農村としての性格を色濃くもっていました。町という名の村でもあったのです。小金町の人々は、各所に飛び地のかたちで積極的に新田を開発し、農業収益を増大させることで、よりよい暮らしを手に入れようとしました。しかし、小金町の耕地には、水害に遭いやすかったり、生産力が低かったりする所も多かったため、耕作には大きな苦労がともないました。

江戸時代の小金町を、「大きく発展した」とか「衰退に向かった」とか、単純に評価することはできません。小金町から領主に差し出された文書のなかでは、しばしば町の困窮や困難さが強調されています。それらは、負担を軽減してもらうための誇張表現かもしれませんが、まったくの嘘偽りとはいえないでしょう。また、小金町の住民も一様ではありません。宿屋業を中心的生業にする家もあれば、農業主体の家もありました。住民間の貧富の差も、当然存在しました。発展と困難、協力と対立、矛盾の増大と克服の努力が、複雑に絡み合っていたのです。本書では、今日に伝わる古文書から、そうした江戸時代の小金町と助郷村々のあり方をできるだけ具体的に述べてきました。本書から、江戸時代の当地の雰囲気を少しでも感じていただければ幸いです。

参考文献

『松戸市史　上巻(改訂版)　原始・古代・中世』松戸市、二〇一五年
『松戸市史　中巻　近世編』松戸市役所、一九七八年
『松戸市史　史料編(二)』松戸市役所、一九七三年
『松戸市史料　第一集』松戸市役所、一九五八年
『企画展　水戸道中　宿場と旅人』松戸市立博物館、一九九八年
『企画展　大名の旅—本陣と街道—』松戸市立博物館、二〇〇七年
小金・吉田家文書（松戸市立博物館所蔵）

磯田道史監修『江戸の家計簿』宝島社(宝島社新書)、二〇一七年
上野顕義「松戸・小金両宿の助郷」『松戸史談』一五号、一九七五年
金森敦子『伊勢詣と江戸の旅』文藝春秋、二〇〇四年
児玉幸多編『日本交通史』吉川弘文館、一九九二年
児玉幸多『宿駅』至文堂、一九九二年
今野信雄『江戸の旅』岩波新書、一九八六年
豊田武・児玉幸多編『体系日本史叢書二四　交通史』山川出版社、一九七〇年
松下邦夫『改訂新版　松戸の歴史案内』郷土史出版、一九六九年

渡辺尚志『殿様が三人いた村　葛飾郡幸谷村と関家の江戸時代』崙書房出版、二〇一七年

著　者　渡辺尚志（わたなべ・たかし）

1957年、東京都生まれ。東京大学大学院博士課程単位取得退学。博士（文学）。松戸市立博物館長。一橋大学名誉教授。専門は日本近世史・村落史。主要著書に、『百姓の力』（角川ソフィア文庫）、『百姓たちの江戸時代』（筑摩書房〈ちくまプリマー新書〉）、『百姓たちの幕末維新』（草思社文庫）、『東西豪農の明治維新』（塙書房）、『百姓の主張』（柏書房）、『海に生きた百姓たち』（草思社文庫）、『日本近世村落論』（岩波書店）などがある。

小金町と周辺の村々　　松戸の江戸時代を知る①

2023年（令和５）２月25日　第1刷発行

著　者　渡辺　尚志
発行人　竹島いわお
発行所　たけしま出版

〒277-0005　千葉県柏市柏762
柏グリーンハイツC204
TEL／FAX　04-7167-1381
振替　00110-1-402266
印刷・製本　戸辺印刷所

好評発売中　「手賀沼ブックレット」　既刊

手賀沼ブックレット　No.6　Ａ５判　１３６頁　本体一二〇〇円
手賀沼開発の虚実
―「千間堤伝説」と「井澤弥惣兵衛伝説」の謎を説く―
中村　勝著　２０１５・３
伝説は生まれ、伝説はどのように利用されたのか？

手賀沼ブックレット　No.8　Ａ５判　９４頁　本体一〇〇〇円
手賀沼の生態学２０１６
浅間　茂・林　紀男著　２０１６・７
外来生物の流入など、二人の生態学研究者の手賀沼報告

手賀沼ブックレット　No.10　Ａ５判　１４０頁　本体一二〇〇円
下総原氏・高城氏の歴史　〈上〉　第一部　原氏
千野原　靖方著　２０１７・７
千葉氏の重臣・原氏一族の系譜を追い、その権力・支配構造を解明

手賀沼ブックレット　No.12　Ａ５判　１５６頁　本体一四〇〇円
下総原氏・高城氏の歴史　〈下〉　第二部　高城氏
千野原　靖方著　２０２１・１０
小金城主・高城氏の出自・系譜等を検証し、奥州高城氏説を追う

たけしま出版